JN458171

星湖集

국립중앙도서관 출판예정도서목록 CIP

성호집 : 현실에서 시是를 구하다 / 이익 지음 ; 최채기 정영미 옮김.
--서울 : 한국고전번역원, 2017
p. ; cm. -- (한국고전선집)

한자를 한글로 번역
참고문헌과 연보수록
교육부로부터 인문학 진흥을 위한 저서출판지원을 받아 출간하였음
ISBN 978-89-284-0487-2 04080 : ₩12000
ISBN 978-89-284-0187-1 (세트) 04080

시문집[詩文集]
한문 문집[漢文文集]

810.819-KDC6
895.708-DDC23 CIP2017019339

성호집

이익 지음
최채기 정영미 옮김

한국고전번역원

한국고전선집을 펴내며

근대화, 산업화를 거치면서 멀어졌던 우리 고전이 근래에 들어 새롭게 독자들의 관심을 끌고 있습니다. 더 이상 우리의 것이기에 알아야 한다고, 우리 고전이기에 읽어야 한다고 강변하지 않아도 될 만큼 인식이 많이 변하였습니다.

그러나 우리 고전에 다가서기는 여전히 어렵습니다. 일단 지금은 쓰지 않는 한문이라는 장벽이 앞을 가로막습니다. 망망대해와 같은 방대한 양도 독자들의 선택을 방해하고 주눅이 들게 합니다.

선집은 그러한 장벽을 넘기 위한 사다리입니다. 광활한 바다에서 배를 인도해 줄 등대와 나침반이기도 합니다. 한 점의 고기만 먹어 보아도 그 솥 전체의 음식 맛이 어떤지를 알 수 있다는 말처럼, 잘 만들어진 번역 선집은 그 저자와 작품을 이해하는 훌륭한 길라잡이가 될 것입니다.

'한국고전선집' 시리즈는 저자의 방대한 저작 가운데 역사적, 현대적으로 의의가 있는 작품을 골라 그 인물의 삶과 사유의 흐름을 따라가거나 주제별로 분류해 엮은 고전 선집입니다. 학계의 연구 성과를 반영한 상세한 해설과 정확한 번역, 전문가의 감수를 거친 신뢰도 높은 판본으로서 청소년부터 일반 교양인에 이르기까지 누구나 쉽게 읽을 수 있습니다. 또한 사상, 철학, 문학, 과학, 역사 등 서종을 폭넓게 아우름으로써 독자들의 인성 함양과 통합적인 사고 형성에 기여하는 바가 클 것입니다.

한국고전번역원은 전신인 민족문화추진회 이래로 지난 수십 년 동안 한문으로 쓰인 수많은 우리 고전을 정리, 번역해 왔습니다. 학계는 물론이고 일반인에게도 많은 도움이 되었다는 것은 자타가 공인하고 있습니다. 한국고전번역원이 번역한 조선왕조실록이 한류의 원천이 된 드라마, 영화 등에 다양한 상상력을 제공한 것은 널리 알려진 사례입니다.

한국고전번역원이 기획하여 펴내는 '한국고전선집'에는 이런 경험과 전문성이 오롯이 담겨 있습니다. 오랜 경력을 지닌 국내 최고 수준의 전문가들이 선집 번역의 품질을 관리하여 가장 정확하고 유익한 책을 만들 것입니다.

고전은 언제나 우리 곁에 있었습니다. 먼지를 뒤집어쓰지도 않았고, 서고 속에 갇혀 있지도 않았습니다. 아무리 밝고 아름다운 달도 고개를 들어 쳐다보지 않으면 그 존재를 알 수 없듯이, 우리 곁에 있는 고전도 돌아보지 않으면 그 가치를 알 수 없습니다. 이 선집 시리즈가 여러분이 고전으로 돌린 시선을 계속 사로잡을 수 있으면 좋겠습니다.

한국고전선집 기획위원

| 차례 |

제2장

현실에 발을 딛고

제3장

배우고 가르치며

제4장

후세에 전해지지 못할까

제5장

시是를 찾아서

제6장

아, 우리 선생님

이익은 누구인가

성호星湖 이익李瀷 1681~1763은 평생 동안 벼슬에 나가지 않고 학문에 매진한 조선 후기의 대표적 학자이다. 본관이 여주驪州인 그의 집안은 병조 판서를 지낸 8대조 이계손李繼孫에 이르러 번창하기 시작하여 경기도 안산安山의 첨성리瞻星里에 터를 잡게 된다. 증조부 이상의李尙毅는 임진왜란 때 광해군을 수행한 공로로 위성 공신衛聖功臣에 책봉되고 의정부 좌찬성을 지냈다. 이때부터 지금의 서울 정동인 정릉동에 자리 잡았는데 '정릉貞陵의 이씨'라고 불릴 만큼 유명하였다. 부친 이하진李夏鎭은 1674년에 일어난 갑인예송甲寅禮訟으로 남인이 집권하자 허목許穆, 허적許積, 윤휴尹鑴 등과 함께 국정을 주도하였다. 그러나 1680년 경신환국庚申換局으로 남인이 실각하고 서인 정권이 들어섬에 따라 평안도 운산雲山으로 유배를 가서 2년 뒤인 1682년 그곳에서 세상을 떠났다.

성호는 1681년숙종 7 부친의 유배지에서 5남 3녀 가운데 막내로 태어났다. 첫돌도 되기 전에 부친이 사망하여 어린 시절을 외가에서 보냈고, 몸이 약하고 병치레가 잦아 따로 스승을 모시지 못하다가 10세 무렵이 되어서야 집안 형님들에게 글을 배우기 시작하였다. 26세 때 성호의 삶에 큰 영향을 준 사건이 일어났는데, 둘째 형 이잠李潛 1660~1706이 당시 왕세자이던 경종을 해치려는 세력을 처단할 것을 청하는 상소를 올렸다가 참혹한 고문을 받고 죽은 것이다. 이 사건을 계기로 성호는 과거 공부를 포기하고 학문과 저술 활동에 매진하면서 윤동규尹東奎, 신후담愼後聃, 이병휴李秉休, 안정복安鼎福, 권철신權哲身 등 수많은 제자들을 가르쳤다.

성호의 집에는 부친 이하진이 1678년에 중국에 사신으로 갔을 때 구해 온 수천 권의 서적을 포함한 수많은 장서가 있었다. 이 책들은 성호의 폭넓은 학문과 방대한 저술의 밑거름이 되었다.

그의 주요 저술들을 살펴보면, 『맹자』를 공부하면서 자신의 견해를 수시로 기록해 놓은 『맹자질서』를 시작으로 『대학』, 『소학』, 『논어』, 『중용』, 『근사록』, 『심경』, 『주역』, 『서경』, 『시경』, 『가례』에 대해 차례로 질서疾書를 지었다. 질서는 성호가 경전을 공부하면서 떠오른 생각들을 그때그때 기록하여 책으로 엮은 것이다. 또 사단四端과 칠정七情에 대한 견해를 밝힌 『사칠신편四七新編』, 부인과 아들의 초상을 치른 뒤

예론禮論을 정리한 『상위록喪威錄』, 국가적 당면 문제의 해결책을 제시한 『곽우록藿憂錄』, 민간에 떠도는 속담들을 모은 『백언해百諺解』 등을 저술하였다. 또 퇴계退溪 이황李滉을 가장 존경하여 퇴계의 중요한 말씀을 모은 『이자수어李子粹語』와 퇴계의 예설禮說을 정리한 『이선생예설유편李先生禮說類編』을 직접 편찬하기도 하였다. 그러나 이들 문헌보다 후세 학자들이 관심을 많이 가지는 책은 실학사상의 대표 저술로 알려진 『성호사설星湖僿說』과 성호가 세상을 떠난 뒤에 그의 시문을 정리한 『성호전집星湖全集』이다.

『성호사설』은 성호가 평소에 학문을 하면서 생각나거나 의심나는 것을 적어 두었던 것과 제자들의 질문에 답변하는 과정에서 정리한 글들을 모아 엮은 책이다. 「천지문」, 「만물문」, 「인사문」, 「경사문」, 「시문문」으로 나누어 총 3007편을 수록하고 있다. 그 속에는 당시의 현안이던 토지, 군사, 교육 등 각종 제도에 대한 개혁안을 비롯하여 서양 학문, 유교 경전, 시문학 등에 대한 해박한 식견이 들어 있다.

『성호전집』은 성호가 평생 동안 지은 시문을 모아 만든 문집이다. 전체 분량이 72권 32책의 거질로 그 속에는 시詩 1150여 수, 해동악부 119편, 편지 512편, 잡저 176편, 서문 104편을 포함하여 총 2374편이 실려 있다. 이 가운데 편지가 가장 많은 양을 차지하고 있는데, 이는 편지가 학문을 토론하고 가르침을 주고받는 중요한 수단이었기 때문이다. 편지의 내용은 유교 경전, 예법, 성리학, 역사학 등 다양한 분야를 다루고 있다.

『성호전집』은 『성호사설』과 내용상 아주 밀접한 관계를 지니고 있다. 성호는 역사나 예법 등 당시의 관심 있는 주제에 대해 제자들이 편지로 질문하면 이에 대해 답장을 먼저 보내고 그것을 다시 정리하여 독립된 단편으로 저술하였다. 그런 다음 편지의 내용은 문집에 수록하고, 단편은 『성호사설』에 수록하였다. 따라서 성호의 사상을 제대로 이해하기 위해서는 두 책을 함께 읽어야 한다.

성호는 실학자이자 성리학자이다. 성호는 『지봉유설』을 저술한 이수광李睟光과 『반계수록』을 저술한 유형원柳馨遠으로 내려오는 실학의 학맥을 계승하여 발전시켰고, 성호의 학문은 다시 다산 정약용丁若鏞으로 이어져 집대성되었다. 또한 성호는 퇴계 이황, 한강寒岡 정구鄭逑, 미수眉叟 허목許穆으로 이어지는 근기 남인近畿南人의 퇴계 학맥을 계승하고 있다. 둘째 형의 죽음으로 26세에 과거 공부를 포기한 성호는 29세에 조선 성리학의 본향인 안동 일대를 여행하였는데, 이를 기점으로 사서삼경을 비롯하여 『근사록』, 『심경』, 『가례』 등 각종 성리서를 연구하고 사단칠정에 대한 자신의 학설을 정립하였다.

이렇게 실학과 성리학을 아우르게 된 것은 성호의 폭넓은 학문적 관심이 가장 큰 요인이지만, 성호 집안에 얽혀 있는 여러 인적 관계의 영향을 받은 측면도 있어 보인다. 증조부 이상의는 이수광과 함께 중국에 사신으로 다녀온 인연이 있고 성호의 사위 이극성李克誠은 바로 이수광의 6대손이다. 유형원의 모친은 성호의 종조부 이지완李志完의 따님으로 성호에게는 당고모가 된다. 그래서 유형원과 성호는 6촌의 가까운 인척간이다. 또한 허목은 조부 이지안李志安과 한 스승 밑에서 동문수학한 벗이었고, 부친 이하진은 허목이 남인의 영수로서 서인과 대립할 당시 허목의 최측근으로 활동하였다. 이러한 관계 속에서 성호는 실학과 퇴계의 성리학을 자연스레 접할 수 있었다.

이 선집의 바탕이 된 『성호전집』은 한국고전번역원이 2006년부터 2016년까지 11년에 걸쳐 우리말로 번역하였다. 여기에는 권경열, 김기빈, 김낙철, 김성애, 김은정, 박헌순, 서정문, 양기정, 오세옥, 이상하, 이기찬, 이정원, 전백찬, 최채기, 홍기은 등 15명의 연구원이 참여하였다. 번역서로 총 17권, 200자 원고지로는 3만 4000장 분량이다. 이 방대한 문집을 전문 연구자가 아닌 일반인들이 모두 읽기는 매우 어려운 일이다. 게다가 사람이 죽었을 때 초상을 치르는 예법과 같이, 당시에는 아주 절실한 문제였으나 지금 사람들에게는 그다지 관심의 대상이 되지 않는 내용도 많이 수록되어 있다. 그래서 『성호전집』에 실린 2374편의 글 가운데 55편을 가려 뽑아 원래의 번역을 바탕으로 좀 더 이해하기 쉽게 손질을 하였다.

이 책에 수록된 50여 편의 글은 성호의 전체 저술 가운데 아주 적은 양에 불과하므로, 이를 통하여 성호의 모든 면모를 살펴볼 수는 없다. 그러나 큰 솥에 든 국을 모두 먹어 보아야만 맛을 알 수 있는 것은 아니듯이, 몇 편의 대표적인 글을 통해서도 성호의 대체적인 모습을 살필 수 있을 것이라 생각된다. 그래서 한 가족의 가장이며 가문의 구성원으로 존재했던 인간적인 모습과 함께 성리학자, 실학자, 스승으로서의 성호 등 여러 모습을 살펴볼 수 있는 다양한 문체의 글을 선정하려 노력하였다. 이 책이 성호를 이해하는 데 조금이나마 도움이 되기를 기대한다.

제1장

가족과 가문

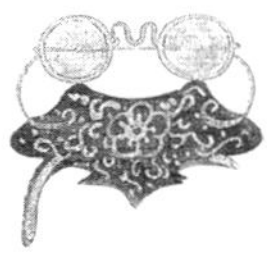

한 사람의 삶과 학문을 조명하면서 가족에 대해 함께 살피지 않고서는 그를 제대로 이해하기 어렵다. 더구나 당쟁이 격화되는 와중에 아버지와 둘째 형을 잃고 평생 은거하며 학문에 전념할 수밖에 없는 상황에 맞닥뜨린 성호의 가문과 가족을 살펴보는 것은 우리가 성호에게 조금 더 다가가는 데 적지 않은 도움이 될 것이다.

자신의 삶을 요약한 「스스로 지은 명정 自題銘旌」을 시작으로 아들과 딸을 중심으로 한 가정의 가장이자 아버지의 모습과 일찍 아버지를 여읜 손자를 보살피는 할아버지의 모습 등을 살필 수 있는 글을 골랐다.

성호는 한 개인인 동시에 가족과 가문의 구성원으로서 존재하였으며, 성호가 살던 시대에 가족과 가문이 개인에게 끼친 영향은 우리가 생각하는 것보다 훨씬 지대하였다. 성호는 이하진의 막내아들로 태어났지만 형들이 일찍 죽거나 양자로 나갔으므로 어머니를 모시고 조카들을 돌보며 실질적인 맏아들 역할을 하기도 하였다.

그와 그의 가족의 삶에 가장 결정적 영향을 끼친 둘째 형 이잠, 학문은 물론 의학과 예술 등에 깊은 조예를 가진 셋째 형 이서李溆, 유일한 동복형인 넷째 형 이침李沈, 그리고 '정릉貞陵의 이씨'로 불릴 만큼 가문을 일으킨 증조부 이상의에 관한 글을 통하여 그의 가족과 가문의 면모를 살펴볼 수 있을 것이다.

스스로 지은 명정
自題銘旌

살아서는 천한 선비였는데 징사라 불렸고	生爲賤士稱徵士
농부로 지냈지만 장부의 뜻 품었다네	迹涉農夫志壯夫
달빛 풍광을 마음대로 타고 날았으니	月色風光隨意駕
하늘 아래 어디인들 좋은 길이 아니었을까	靑天何處不亨衢

성호가 76세이던 1756년영조32에 지은 것으로, 28자로 자신의 삶을 함축적으로 표현하였다. 평생 벼슬하지 않은 선비였으나 47세이던 1727년에 학덕이 높은 선비로 추천되어 '선공감 가감역관'에 제수된 적이 있기 때문에 '나라의 부름을 받은 선비'라는 뜻의 '징사徵士'라는 표현을 썼다. 또한 안산의 성호장星湖莊에 은거하면서도 당시의 문제에 대한 깊은 통찰을 바탕으로 이를 바로잡기 위한 다양한 개혁안을 제시하였으니, 바로 '뜻을 얻으면 세상에 나아가 백성과 함께하고, 뜻을 얻지 못하면 물러나 자신의 도를 행한다.'는 대장부를 지향한 삶이었다고 자평하고 있다.

성호는 북한산, 개성의 천마산, 경상도 안동 일대, 강원도 원주를 거쳐 금강산과 함경도 함흥까지, 전라도 광주·담양·순창 등 많은 곳을 여행하였다. 마지막 두 구절에서는 독서를 통해 시간과 공간을 초월한 세계를 접했을 뿐만 아니라 나라 곳곳을 두루 돌아다니며 자유로운 삶을 살았다고 말하고 있다.

붉은 비단에 관직이나 호칭, 본관과 성씨 등을 써서 빈소에 세웠다가 장례 때 관 위에 덮는 명정銘旌이라는 제목을 붙였지만, 자신의 삶을 묘지명 형식으로 표현한 글이다.

딸을 시집보내며
送女

정성 다해 기른 딸 규방에 있었는데	勤斯育女在閨房
다른 집에 보내어 효부가 되게 하네	送與佗家作孝娘
시집가면 마땅히 친정 부모 떠나서	有行固應辭父母
마음 다해 시부모 오롯이 섬겨야지	專心惟可事尊章
산천이 얼어붙어 가기가 어려운 때	山川凍合憂難徹
골육이 헤어지니 가슴이 찢어지네	骨肉分張意自傷
눈보라 치는 숲으로 난 한 줄기 길로	一路平林風雪裏
석양을 밟고서 저기 말이 떠나가네	任教歸馬踏斜陽

성호는 두 번째 부인 사천 목씨泗川睦氏와의 사이에 1남 1녀를 두었는데, 아들 이맹휴李孟休와 이극성에게 시집간 이 딸이다. 자랄 때는 정성을 다해 길렀지만 성장한 딸을 시집보내는 것은 당연한 일이고, 시부모를 잘 섬기는 효부가 되라는 당부를 잊지 않는 수련首聯은 딸을 시집보내면서 훈계를 잊지 않는 엄한 부모의 모습과 다르지 않다. 그러나 오늘 떠나고 나면 다시 만날 기약도 하기 어려운데, 엄동설

한 눈보라 치는 길로 떠나는 딸의 뒷모습을 바라보며 슬픈 마음을 감추지 못하는 절절한 아버지의 마음이 오롯이 드러난 미련尾聯에서야 어느 시대이건 부모의 마음은 똑같다는 공감을 하게 된다.

『성호전집』에서 딸에 대해 직접 언급한 글은 이 시뿐이다. 다만 1748년 영조 24에 지은 「덕중이 아들 낳은 것을 축하하다 賀德中生男」를 비롯한 3편의 시에서는 지봉 이수광의 6대 적장손인 사위 이극성에게 후사가 생긴 것을 축하하면서 외손자를 보게 된 기쁜 마음을 한껏 드러냈는데, 기쁜 마음 한켠에는 시집간 지 8년이 넘은 딸이 아들을 낳아 며느리로서의 역할을 다하는 동시에 무거운 마음의 짐을 내려놓을 수 있게 되었다는 친정 부모로서의 안도감도 함께 깃들어 있다.

손자의 돌잔치

寄題小孫如達晬盤

아들 늦게 낳았지만 손자 일찍 보게 되니　生兒雖晩早生孫
네 아비는 한창인데 나는 벌써 늙었구나　汝父芳年我老殘
이 세상에 우리 삼대 함께함이 즐거우니　然喜同時三世竝
남은 여생 온갖 영화 맛보기를 기대한다　深期餘日百榮存
태어난 게 엊그젠데 그새 돌이 되었구나　桑弧蓬矢俄周歲
돌상에 올려놓은 붓이랑 먹을 잡거라　免穎龍煤且試盤
옥 나무 뿌리 내려 재목으로 자라나서　種玉爲根嘉樹長
가지와 잎이 뜰 가득히 무성하게 되기를　任敎枝葉滿庭繁

1732년 첫돌을 맞은 손자 이구환李九煥의 돌잔치에 지어 보낸 시이다. 성호가 51세 되던 1731년 손자가 태어났는데, 당시 아들 이맹휴는 19세였기 때문에 첫 구절에서 "아들 늦게 낳았지만 손자 일찍 보게 되니"라고 말하였다.

아이가 돌상에서 잡는 물건을 가지고 장래를 점치는 풍습은 아주 오래되었는데, 사내아이면 화살·종이·붓 등을, 여자아이면 가

위·자·바늘·실 등을 놓고, 음식물·보배·옷·장난감 등은 공통으로 놓았다고 한다.

성호 역시 손자가 돌잡이에서 붓과 먹을 잡기를 바랐으니, 손자가 학문에 정진하여 훌륭한 학자나 관료가 되기를 기대한 듯하다. 또한 훗날 이날 첫돌을 맞은 손자가 자라서 아들과 함께 학문을 이루고 관직에 나가는 모습을 그려 보면서, 그 시간을 함께하고 싶다는 소망도 드러내고 있다.

사돈에게
示壽伯

아비가 딸을 남겨 두고 떠나가니	爺帶女行留女去
떠나갈 제 돌아봄은 예에 응당 그러한 법	去應回首禮應然
며늘아기 친정어머니 훈계 명심하였을 터	嬌兒結帨須知戒
어린 나이에 패옥 치장 더욱 어여뻐라	穉齒鳴環更可憐
좋은 술 익는 지금은 노란 국화 피는 시절	紫醞正當黃菊節
붉은 치마 신부가 백발노인에게 술 올리니	紅裙來侑白鬚筵
이웃 사람 칭송에 내 마음이 즐겁고	樂情憑仗隣人看
집안 가득 좋은 기운 흘러넘친다네	也有充閭氣色鮮

손자 이구환의 장인 권세억權世檍에게 준 시로, 수백壽伯은 그의 자字이다. 성호가 68세이던 1748년 18세의 이구환이 권세억의 딸과 혼인하였다. 「기쁨을 기록하다志喜」라는 시에서도 늘그막에 본 손자가 자라 글을 지을 줄 알고 혼인까지 하게 되었다고 기꺼워하며, 아들과 손자를 거느리고 삼대가 함께 사당에 배알하는 모습을 그리고 있다. 이 시에서는 어린 딸을 데리고 왔다가 혼자 돌아가야 하는 친정아버

지의 심정을 헤아리는 한편 친정 부모의 훈계를 가슴에 새기고 잔뜩 긴장한 모습으로 시댁에 온 손자며느리를 어여삐 여기는 시할아버지의 마음도 담겨 있다. 말미에는 손자가 장성하여 훌륭한 신부를 맞이하였으니, 이를 계기로 집안이 다시 일어나기를 바라는 기대까지 함께 드러내고 있다.

시골로 내려가는 사위에게
答李甥德中

그대의 편지를 받고 보니 마음이 놓이네. 가까운 시일에 시골로 들어간다는 소식을 들었는데, 행장을 꾸리는 일에 신경이 많이 쓰일 것이네. 이 일을 처음 추진할 때는 나도 큰소리로 거들었는데 막상 내려갈 날이 다가오니 허전한 마음이 너무도 많이 드네. 그대가 떠나고 나서 울적하게 지낼 것은 닥치지 않아도 알 수 있다네.

시골로 돌아가 농사를 짓겠다는 계획은 장차 궁핍함을 해결하기 위해서인데, 만약 옛 습성을 바꾸지 않는다면 하는 일마다 절제가 되지 않을 것이니 어찌 굳이 멀리까지 가서 살 필요가 있겠는가. 모름지기 조용히 지내면서 독서하고 시골 사람들에게는 공손하게 대하며 재물은 아껴서 써야 할 것이네. 검소하게 사는 것이 그대의 본분이므로 참으면 참아질 것이요, 습관이 되면 익숙해질 것이네. 그렇게 할 수 없으면 소장부小丈夫의 인생으로 떨어지게 될 것이니, 그대가 검소한 생활을 견뎌 내지 못하면 무슨 일인들 할 수 있겠는가. 군자가 부모에게 효도하고 나라에 충성하기 위해서는 지극히 어려운 일을 당하는 경우가 있게 마련인데, 만약 힘든 일에 익숙하지 않다면 앞으로 어떻게 큰일을 감당하겠는가. 그런 까닭에 『논어』에 "도道에 뜻을 두고서 나쁜 옷과 거친 음식을 수치로 여기는 자와는 함께 도를 논할 수 없다."라고 하였으니, 모름지기 이 구절을 깊이 생각해 보아야 할 것이네.

시골 선비들 가운데는 그대처럼 지체 높은 집안이 거의 없네. 말을 할 때 혹시라도 잘난 티를 내면 그들에게 큰 불쾌감을 주게 되어 모욕을 당할 수 있을 뿐만 아니라 우리의 덕에도 손상을 입을 것이니 신중하게 처신하기 바라네. 하고 싶은 말은 더 있지만 정신이 혼미하여 다 쓸 수가 없네. 초여름에 오겠다고 약속하였으니 기다리기는 하겠지만 하루 앞도 알 수 없는 일흔여섯의 늙은이라 그때까지 죽지 않고 기다릴 수 있으리라 어찌 장담하겠는가.

성호의 사위 이극성은 전주 이씨로, 자는 덕중德中이다. 본래 이름은 존성存誠인데, 1763년 영조의 명으로 극성克誠으로 고쳤다. 아버지 이계주李啓胄가 이수광의 4대손 이한종李漢宗의 양자로 들어가 이수광의 적손이 되었다. 이극성의 집안은 이수광이 이조 판서, 5대조 이성구李聖求가 영의정을 지낸 이후로 조부 이한종까지 대대로 조정의 요직을 지낸 집안이었다. 이 때문에 이극성과 관련된 성호의 글 곳곳에서 이수광 가문과 인척이라는 사실을 드러내고 있다.

이극성은 1741년 20세에 생원시에 합격하지만 대과大科에 급제한 기록은 보이지 않고, 38세인 1758년에야 광릉 참봉光陵參奉을 시작으로 벼슬길에 나간다. 이극성의 집안은 대대로 서울에 살았는데, 이 편지를 보낸 1756년에는 아직 벼슬하기 전으로 서울을 떠나 시골로 내려갈 예정이었던 것으로 보인다. 편지에는 사위 가족이 멀리 떠날 때가 가까워지자 당초 찬동했던 마음과는 달리 늘그막에 기약 없는 이별이 될까 하는 쓸쓸한 마음을 숨김없이 토로하였다.

또 생활이 어려워져 시골로 내려가는 사위에게 시골에 살며 주의해야 할 일을 당부하고 있는데, 검소한 생활을 해야 한다는 것과 공손한 태도로 시골 사람들에게 모욕을 당하지 말라는 내용이다. 짤막한 말에 금세 수긍이 갈 만큼 간절한 마음을 담았는데, 성호장에 30년 가까이 은거한 성호의 생활 태도가 이렇지 않았을까 싶다.

대추를 구우며

戲題

구운 대추가 온몸의 맥을 소통시킨다기에	火棗吾聞百脈通
힘들게 등잔불로 녹진하게 구워 놓았더니	辛勤燈焰炙成濃
증손자가 밤새도록 더 달라 칭얼거려	曾孫鎭夜來求哺
팔순 노인이 네 살배기 품에 안고 먹이네	八耋翁携四歲童

겨울밤 대추를 구워 증손자와 함께 먹는 모습을 그린 시이다. 품에 안겨 더 달라 칭얼대는 증손자의 모습을 흐뭇한 눈길로 바라보는 증조부의 마음이 잘 드러나 있다.

성호는 어려서부터 잔병치레가 잦아 모친이 늘 걱정하였고, 늘그막에도 여러 병에 시달렸다. 특히 70대에는 아들 이맹휴가 사망하였고, 천식과 충치를 앓았으며 55세에 앓았던 괴질이 재발하기도 하였다. 게다가 여러 해 계속된 흉년과 전염병으로 가족의 생계에 대한 걱정이 끊이지 않았고 전염병을 피해 거처를 옮기기도 하였다. 또 어느 해에는 한 해에 친족 12명이 사망하는 고통을 겪기도 하였다.

힘겨운 노년을 보내는 성호에게 손자를 비롯한 가족의 존재는 큰 힘이 되었을 것이다. 75세이던 1755년에 제자 윤동규에게 보낸 편지에서는 증손자를 기다리는 성호의 모습이 잘 드러나 있는데, 임신한 손자며느리가 아들을 낳아서 가문을 잇기를 간절히 바랐다. 또 가정에서 잘 가르치지 못해 잘못된 길로 빠지는 경우가 많은데, 자신은 이미 늙었으므로 직접 아이를 가르칠 수 없을까 염려되어 손자며느리의 배를 향해 태중의 아이에게 태교를 한다고 전하고 있다. 또 다른 편지에서는 초겨울에 출산할 예정인데 그렇게 되면 자신이 태어난 10월과 같은 달에 태어나는 것이니, 아들을 얻게 되면 이름을 '소동小同'이라고 지을 생각이라고 밝히면서, 아이가 태어나면 3개월 만에 이름을 지어야 하는데 자신이 그때까지 살 수 있을지 기약할 수 없어서 미리 이름을 지어 놓는다고 하였다. 그리고 다른 편지에서는 자신이 죽더라도 '동仝' 자로 이름을 지으라고 당부하였다고 말하였다. 동同과 동仝은 모두 '같다'는 의미의 글자로, 성호가 태어난 달과 같은 달에 증손자가 태어난 것에 큰 의미를 부여해서 지은 이름이다.

성호는 바라던 대로 증손자를 얻었는데, 이름은 돌림자인 '재載' 자를 넣어 재남載南이라고 지었다. 품에 안겨 대추를 더 달라고 칭얼거리는 네 살 난 아이가 바로 그 증손자인가 보다.

둘째 형의 묘갈명을 청하는 편지
上息山

오래전에 둘째 형의 묘갈명墓碣銘을 지어 주시겠다는 허락을 받고서 마음에 새겨 두고 있었습니다. 속히 가장家狀을 써 보내서 묘갈명을 지어 주십사 부탁드리려고 하였으나 지금 상중에 묘소를 오가느라 경황이 없다 보니 비록 틈을 내어 종이를 펼쳐 보아도 정신이 황망하여 글을 써 내려갈 수가 없습니다. 이 때문에 이러구러 시일만 끌다 보니 늘 마음이 답답하였습니다. 또 한편으로는 인물을 논하는 방법은 생애의 큰일만 거론해도 된다는 생각이 들었습니다. 그러니 둘째 형 서산공西山公의 평생은 병술년1706 숙종 32의 일 하나만으로도 충분할 것입니다. 이제 그 요지를 기록하여 보내 드리니 외람되지만 재량해 주시기 바랍니다. 중략

병술년에 유생 임부林溥가 간언하다가 죄를 얻어 형제가 함께 죽음을 당하였습니다. 나라 사람들이 이에 감히 진실을 말하는 자가 없었는데, 공이 마침내 상소를 올릴 계획을 세워 밀실에서 홀로 상소의 초안을 작성하고 집안사람들에게는 밝히지 않았습니다. 상소가 갖추어진 뒤에 사람들이 알아차리

고는 나라를 위하다가 집안에 화가 미칠 것이라고 우려하며 난처해하였습니다. 그러자 공은 "우리 집안이 대대로 나라의 두터운 은혜를 입었으니 일반 백성들과는 다르다. 더구나 본분을 넘어선다는 혐의는 작고 위망을 구제하는 의리는 크다. 300년 종묘사직을 위해 이 한 몸을 바치는 편이 오히려 유익할 것이니, 내가 무엇을 아끼겠는가."라고 하였습니다.

상소를 올리자 승정원에서 기각하였으니, 자기 편 수장首長과 상의하기 위해서였습니다. 그 이튿날 승지 김홍정金弘楨 등이 사주를 받고 임금께 아뢰면서 말을 변환하여 죄주기를 청하였는데, 상소 가운데 "좌우 전후에서 춘궁春宮에게 칼날을 겨눈다."라는 구절을 끄집어내어 주상의 노여움을 돋우었습니다. 이에 곧바로 대궐 뜰에서 장杖을 치도록 명하고 친히 "칼날을 겨눈다."라는 말에 대해 힐문하였으니, 바로 9월 17일의 일이었습니다. 공은 명백하게 진술하고 뜻을 굽히거나 동요하지 않으면서 상소의 말뜻을 거듭 밝혔습니다. 또 말하기를 "신이 동궁을 위해서라면 죽어도 여한이 없습니다. 조정에 나와 위태로운 태자의 지위를 안정시킨 상산사호商山四皓를 본받았지만 때를 만나지 못하였습니다."라고 하였습니다. 그러자 주상이 더욱 진노하였고, 좌우의 여러 신료들이 주상의 위세에 동조하며 더 한층 모해하여 주상의 노여움을 더욱 돋우었습니다.

아, 어찌 차마 말할 수 있겠습니까. 이 당시 친척들은 달아나 숨고 친구들은 손사래를 치며 말하기를 꺼렸으니, 국문이 진행되는 대궐은 마치 아무도 건널 수 없다는 약수弱水를 사이에 두고 있는 듯 아득하였습니다. 오직 평소 친분도 없던 시위侍衛하는 무사 한 사람이 공을 의롭게 여기고 딱하게 여겨 이따금 와서 대략 이와 같이 상황을 말해 주었습니다. 그 후에 대궐 뜰에서 장을 치기도 하고 의금부에서 장을 치기도 하였는데 형신刑訊이 더욱 가혹하여 25일에 이르러 공이 죽었습니다. 그날 흰 무지개가 해를 범하는 이변이 있었습니다.

저희들이 감히 성안에서 초상을 치르지 못하고 다만 객관에서 서둘러 대강 염한 뒤에 상여도 갖추지 못한 채 흰 천으로 덮어 첨성리로 돌아왔으니, 마치 요절한 사람을 장사 지내는 예와 같았습니다. 묘는 안산 첨성리의 서쪽을 바라보는 언덕에 있습니다. 금상今上 3년1723 경종 3에 연석筵席에서 신하가 그 충렬忠烈을 아뢰어 특별히 중직대부中直大夫 사헌부 집의에 증직되었으니, 애도와 영예가 극진히 갖추어졌습니다. 지금 통문通文과 상소 초본을 기록하여 함께 올리니, 살펴보면 상소한 일의 본말에 대해서 자세히 아실 수 있을 것입니다. 중략

공은 경자년1660 현종 1 2월 2일에 태어났으니, 47년을 사신 셈입니다. 옛날 공이 태어날 때, 해가 떨어지는 변고가 있

어 사방이 어두워졌는데 즉시 손으로 해를 잡아 하늘 한가운데에 걸어 놓으니 해가 다시 빛나는 꿈을 부친이 꾸었습니다. 그래서 "피어오르는 연기와 어둠을 거두니 떨어지는 해 푸른빛 남아 있네.浮煙收黑 落日餘靑"라는 시를 지었습니다. 공이 늘 가슴에 새기며 다행으로 여겼고, 또 스스로 "내 나이 마흔일곱에 나라에 일이 있을 것이다."라고 하였으니, 꿈속의 일을 가지고 조짐을 예측한 것입니다. 허탄하고 괴이한 일이므로 굳이 기록할 것은 없지만, 마침내 한 번 밝히는 것은 이 꿈으로 인해 빚어진 일이 아니라고는 장담할 수 없기 때문입니다. 그러므로 잠깐 언급하였습니다. 후략

1724년에 둘째 형 이잠의 묘갈명을 지어 달라고 식산息山 이만부李萬敷 1664~1732 에게 청하는 편지이다. 이만부는 평생 벼슬하지 않고 후학 양성과 저술에 힘쓴 남인 학자로, 성호의 형인 이잠, 이서와 매우 가깝게 지냈고 성호 역시 그에게 가르침을 받았으며 말년까지 편지를 주고받았다.

성호의 둘째 형 이잠은 부친 이하진과 13세 연상인 형 이해李瀣, 15세 연상인 매부 목창명睦昌明에게 배웠다. 16세가 되던 1675년숙종 1 에 진사시進士試에 합격하였지만, 너무 일찍 명성이 드러나는 것을 경계한 부친의 뜻에 따라 대과에 응시하지 않았다. 1680년 경신대출척으

로 부친이 평안도 운산으로 유배되었다가 2년 뒤에 그곳에서 운명하자 이후 과거를 포기하였다. 1694년 갑술환국 이후 남인과 희빈 장씨가 몰락하면서 세자의 지위가 불안해지자, 1706년 세자를 보호해야 한다고 주장하고 김춘택金春澤을 중심으로 한 노론 세력을 악역惡逆으로 지목하는 상소를 올렸다가 국문을 받는 도중 사망하였다. 경종이 즉위한 후인 1723년 신원되고 사헌부 집의에 추증되었다.

묘갈명을 지어 달라고 청할 때는 한집안 사람이 그 사람의 행적을 기록한 가장을 지어 참고할 자료로 보내는 것이 일반적인 사례이다. 그러나 당시 성호는 셋째 형 이서의 상을 당한 지 1년도 못 되어 이서의 아들 이원휴의 상까지 당한 상황이었다. 집안의 우환이 계속되자 서둘러 이잠의 묘지명을 받아야겠다는 생각이 앞서 가장을 짓지 못하고 편지에 상소를 올린 일을 중심으로 이잠의 일생을 간략하게 적어 보내는 것으로 대신하였다. 이잠의 벗인 이만부가, 굳이 가장 같은 자료를 갖춰 보내지 않더라도 형님의 생애를 잘 정리해 줄 것이라는 믿음도 있었을 것이다.

이만부가 성호의 부탁을 받아들여 지은 이잠의 묘갈명은 이만부의 문집인 『식산집息山集』 권21에 「이중연묘갈명李仲淵墓碣銘」이라는 제목으로 실려 있다.

셋째 형님의 회갑연을 축하하는 서문
三兄玉洞先生回甲宴序

임인년 1722 경종 2 선달 초사흘은 바로 나의 셋째 형님 옥동玉洞 선생이 회갑을 맞는 기쁜 날이다. 친분이 있는 빈객賓客과 친우親友들이 듣고는 "참 보기 좋다. 어질고 관대한 사람이니 장수를 누리는 것이 마땅하다."라고 하였다. 자제와 문인이 함께 옥동의 산사山舍에 모였으니, 경하드리려는 것이다. 중략

우리 선생은 어린 시절부터 옛글을 탐구하여 중요한 부분을 마음속에 새겼다. 조정에서 관직을 제수한 적이 있으나 나아가지 않고서 이치를 궁구하고 자신을 다스리기에 힘썼으며, 즐거운 마음으로 후배들을 교육하여 우리 학문이 이어지게 하였다. 중략 그래서 번다함을 피해 험난한 길로 나아가고 은밀한 곳을 택하여 곤궁하게 살았다. 선생은 다음과 같은 시를 지었다.

내 땅을 내가 가꾸며	我理我場
저 농사를 살피노라	候彼農祥
마음껏 호탕하게 노닐며	優以聊浪

나의 천성을 지키노라　　執厥堅芳
누군들 생각지 않으리오　　夫孰不量
이곳에서 여생을 보낼 것을　　終老斯方

이 시를 통하여 선생의 학문은 본분을 지키는 것을 요점으로 하고 망녕되이 욕심을 따르는 것을 수치로 여겼다는 것을 알 수 있다. 이렇게 60년 하고도 하루를 살았는데, 장수의 큰 복은 모두 본인의 힘이니, 또 무슨 유감이 있겠는가.

회갑을 맞아 잔치를 열고 음식을 마련하여 마을에 알리도록 하였다. 동향과 서향은 오른쪽을 상석으로 삼고 남향과 북향은 왼쪽을 상석으로 삼았다. 주인은 북쪽에 자리를 마련하고 자손들은 차례대로 서서 모셨다. 빈객 중의 어른은 동쪽에 자리를 마련하였고 일반 빈객은 차례대로 좌석에 앉았는데, 이는 장소에 맞게 배치한 것이다.

술과 술잔은 정중앙에 두고 주인이 먼저 맛본 다음 축수하였다. 술잔이 세 차례 돌 때까지 수작하지 않는 것은 요즘의 풍속에 따른 것이다. 자제와 친척, 빈객은 모두 일어나 앞에 나가 축수의 잔을 올린 다음 두 번 절하고 물러났는데, 제각기 존경하는 마음을 드러낸 것이다. 주인과 빈객이 무수히 주거니 받거니 하면서 한껏 즐긴 다음 파하였다.

선생이 다시 손님을 이끌고 자리를 옮겨 밤늦도록 담화를 나누었다. 마침내 스스로 거문고를 잡아 곡조를 연주하고 이어 여민동락與民同樂의 곡조를 연주하였는데, 음이 풍성하고 고상하여 귀를 울리고 몸속으로 스며들었으니, 마치 바람이 불면 어디든 다 통하는 것과 같고 비가 내리면 모든 것이 다 젖는 것과 같았다. 이때 좌우에 있는 사람들은 뜻을 가다듬고 옷섶을 여미며 무엇인가를 얻은 듯이 만족해하였다. 선생이 시를 지었다.

태평성대가 이어져 世緬熙昌
성군의 덕이 거듭 빛나네 德靡重光
하늘이 부여해 준 자질을 天賦攸煌
내가 감히 드러내지 않겠는가 余敢不章
한바탕 거문고를 타니 彈琴一張
태고 시대 사람이 된 듯하네 茅屋羲皇

이 시는 바로 마음에 근본한 것이 일에 드러나 다른 사람을 편안히 해 준 것이다. 이것으로 벗과 이웃을 대하였기에 모든 사람들이 흡족해하였던 것이다.

나는 예禮로 공경하는 마음을 드러내고 악樂으로 조화를 말한다고 들었다. 군자에게 예악이 있으면 모든 일이 다 바르게 된다. 위의를 갖추어 베푸는 연회를 보고서도 감흥을 일으킬 수 있으니, 이것이 이른바 사람을 가르치되 말로써 하지 않는다는 것이다. 잊을 수 있겠는가. 기록하여 동지들에게 보인다.

1722년 12월에 있었던 성호의 셋째 형 옥동 이서1662~1723의 회갑연에서 지은 시에 붙인 서문이다. 성호에게는 네 형님이 있었지만, 맏형 이해는 성호가 태어나기도 전에, 둘째 형 이잠과 넷째 형 이침도 1706년과 1713년에 각각 세상을 떠났다. 시집간 누이들을 제외하고는 유일한 동기인 이서의 회갑을 성호는 남다른 감회로 맞았을 것이다.
이서는 평생 벼슬하지 않고 포천 옥금산玉琴山 아래에 살며 제자들을 가르쳤다. 성호보다 19세 연장으로 성호의 스승이기도 하다.
이 글에는 평소 이서의 삶에 대한 지향과 회갑연의 화기애애한 모습이 담뿍 드러나는데, 회갑연의 절정은 깊은 밤 이서가 거문고를 타는 장면이 아닌가 한다.
이서는 경학經學뿐만 아니라 음률音律과 천문天文, 역법曆法, 의학醫學에도 조예가 깊었다. 또한 거문고를 잘 탔으며 서예에도 일가를 이루어 공재恭齋 윤두서尹斗緖, 백하白下 윤순尹淳, 원교圓嶠 이광사李匡師로 이어지는 동국진체東國眞體의 창시자로 일컬어졌다.
이서는 옥동금玉洞琴 또는 군자금君子琴이라는 이름의 거문고를 가지고 있었다. 벗 이숙李淑이 금강산 만폭동萬瀑洞 바위 위의 벼락 맞아 죽은 오동나무를 베어 이서에게 주자, 이서가 이를 솜씨 좋은 악기

장에게 맡겨 거문고를 만들었다. 거문고의 뒷면에는 옥동玉洞이라 쓰고 시를 지어 새겼는데, 글씨는 이서의 제자이자 윤두서의 아들 윤덕희尹德熙가 썼다. 옥동금은 지금까지 전해져 안산시에 있는 성호기념관에 소장되어 있다.

아마도 이 자리에서 이서가 연주한 거문고도 옥동금이었을 것이다. 성호는 이서가 사망한 후 「벼락 맞은 오동나무 거문고霹靂琴」 시를 지어 거문고를 타던 형님을 그리워하였다. 이서가 세상을 떠난 뒤 그의 연주는 들을 수 없지만, 옥동금에 얽힌 이야기는 성호의 글과 시를 통해 우리에게까지 전해졌다.

넷째 형님께 올리는 제문
祭四兄文

오호라	嗚呼
옛날 우리 둘째 형님은	昔我仲氏
나라 위해 목숨 바쳐	能以國死
어둠 속의 불빛이라 불렸으니	人謂斯光
애통함이 골수에 사무치네	慟實在髓
살아남은 우리 형제	時余數人
모두 함께 병에 걸려	俱病勞悸
나는 마음의 병을 앓고	弟纏心痗
형님은 괴질로 세상 뜨니	公疾亦祟
정신 아직 그대로나	神猶未舍
이런 심한 고통으로	降割此甚
망망한 천지간에	茫茫寰宇
남은 이만 비통하네	後死獨憯
이 얼마나 비통한지	憯亦何極
말하자니 가슴 답답	欲言則塞
키 없는 배와 같고	如舟去舵

축 부러진 수레 같네　　如車折軸

집에서 온 이 아우가　　弟來自堂
어머니 말씀 전하기를　　慈教丁寧
포와 과일 들고 가서　　齎脩與果
네 형에게 제사하라　　往祭而兄
우리 아들 아무개야　　嗟吾兒某
나 있는 줄 모르느냐　　不知余在
내 살날 얼마나 남았다고　　餘齡幾何
매정하게 떠났느냐　　忍與輕背
슬픔 참고 읽노라니　　含哀吐辭
눈물이 얼굴 가득　　有淚交頤
혼령은 어디든 갈 것이니　　魂無不之
부디 여기 살피소서　　其監于茲

아우 일찍 아비 잃고　　夙弟失怙
몸마저 허약하니　　繼又羸弱
형님 나를 걱정하여　　公爲之憂
보살피고 키워 줬네　　以撫以鞠
크디큰 공의 기량　　偉公材器
집안 기대 적지 않아　　屬望匪淺

쇠한 가문 일으키려	將起門衰
산처럼 기댔거늘	倚若山巘
생명은 유한하니	生遽有涯
그 명을 어이하리	命如何其
건강한 형님 요절하니	公健亦夭
내가 어찌 지탱하랴	况余奚支
구천에도 길이 있어	泉或有路
필경 함께 갈 것이니	畢竟同就
형제 서로 의지함이	昆季依倚
이승 같지 않으리오	如人世否
스스로 위로해 보지만	強自以慰
이 슬픔 감당키 어렵고	情不敢任
내 병 또한 걱정이라	亦懼惟疾
모친 마음 괴롭히네	重惱親心
형제가 흩어지는	骨肉星離
그런 고초 겪었지만	旣嘗爲悒
생사의 갈림길은	死生長訣
어찌할 수 없으리라	柰不相及
가까운 친족들은	顧惟懿親
한 기운에 통하고	一氣流通

형제의 지극한 정　　天顯至情
죽어서도 함께하리　　幽必明同
부탁할 일 있으시면　　非無所託
꿈을 통해 알려 주소　　胡不夢告
생전에 못 다 한 일　　存未攸遑
떠나신 뒤 풀 것이니　　歿寧可釋
딸 자라면 시집보내고　　女壯乃字
아들 크면 공부시켜　　兒長則學
내 힘이 닿는 대로　　視力所逮
숙부 노릇 하리이다　　越有癡叔

묏자리 잡고 보니　　爰卜吉宅
공이 평소 노닐던 곳　　杖屨之止
풍수설 무시하고　　毋作術眩
형님 뜻 따랐다네　　寔遵遺志
멀리 떠날 날 다가와　　卽遠期迫
길이 이별 고하노니　　永從此辭
형님께서 거처한 곳　　維寢維處
무얼 보든 형님 생각　　觸目可思
침상 책상 완연하고　　牀案宛在
옷가지도 다 있으니　　服飾與俱

떠나간 곳 어디리오 去獨何歸
말끝마다 오열하네 更端必嗚
눈물로 제문 짓고 和淚爲文
제물을 올리오니 敢薦菲薄
저승에서 말하리라 冥應曰玆
내 아우의 술이라고 吾季之酌

넷째 형 이침1671~1713에게 올린 제문이다. 성호의 형님 네 분 가운데 세 형은 용인 이씨가 낳고 이침과 성호는 안동 권씨가 낳아, 어머니가 서로 달랐다. 이침이 숙부인 이명진李明鎭의 양자가 되어 충청도 예산 고덕으로 내려가는 바람에 서로 떨어져 지내기는 하였으나 우애는 매우 각별하였다. 게다가 어머니가 아직 살아 계셨기 때문에 형의 사망으로 인한 슬픔은 더욱 컸다. 자식을 앞세운 모친의 애통함, 형이 죽어 집안을 다시 일으킬 수 없게 된 절망감을 절절하게 드러내면서 한편으로는 '부탁할 일 있으시면 꿈을 통해 알려 주소.'라고 하며 돌아가신 형님을 대신해서 어린 조카들을 힘써 돌보겠다는 다짐을 함께 보여 주고 있다. 이 다짐대로 이침이 세상을 떠날 당시 6세이던 이용휴李用休와 4세이던 이병휴李秉休는 성호의 문하에서 학문을 배워 성호의 학통을 계승하는 대표적인 학자가 되었다.

죽은 아들의 행록
亡子正郎行錄

성호옹星湖翁이 나이 서른이 넘도록 아들이 없다가 계사년1713 숙종 39 11월에 『맹자』를 읽고 있던 중에 아들이 태어났다는 소식을 들었다. 이에 '맹孟'으로 아명을 지었다. 뒤에 정식으로 맹휴孟休라고 명명하였다. 자는 순수醇叟라 하였으니 모두 여기에서 연유한 것이다.

용모가 단정하고 수려하였으며 음성은 크고 명랑하였다. 어린아이 때에 이름이 친구들에게 알려졌으니, 학습을 잘했기 때문이다. 손님이 오면 번번이 수십여 자로 이리저리 시험해 보았는데, 한 번 본 것은 외우면서 틀린 적이 없었다. 5세 때 육십갑자六十甲子와 구구단을 외웠고 9세 때 산수算數를 배웠다. 더러 산가지를 치우고 속으로 계산하였는데, 암산한 것이 모두 맞았다. 중략 자라서는 이름이 도성에 알려졌으니, 학교에 들어가 지은 글이 대부분 수석을 차지하였기 때문이다. 약관이 되기 전에 예를 배우기 시작했는데, 옛 주석에 구애받지 않고 원본의 뜻을 추구하여 『창대원류蒼臺源流』 1권을 지었다. 마음을 육경六經에 두고부터는 왕왕 새로운 의미를 밝혀 자신의 견해를 세우기도 하였다. 23세에 진사시에 합격하여 성균관에 들어갔다.

30세에는 이름이 널리 알려졌으니, 주상이 춘당대春塘臺에 친히 나와 보인 정시庭試에서 책문策問으로 장원급제하였기 때문이다. 신하들이 서로서로 칭찬하고 감탄하였다. 합격자를 발표하자 주상이 늦게 만나 본 것을 한스럽게 여기며 "이는 필시 나라를 경륜할 선비일 것이다."라고 하였다. 요직에 있는 고관들은 주상의 마음이 쏠리는 것을 보고 질시하여 뒤에서 수군대며 험담하였는데, 주상이 모두 옳지 않게 여겼다.

또 병술년1706 숙종 32에 있었던 이잠의 일을 거론하여 모함하니, 주상이 당시의 정승에게 말하기를 "선대 조정에서 이잠을 죄준 것은 참으로 의도가 있는 듯하다. 그렇지만 이것 때문에 그 조카가 관직에 나오는 것을 막는다면 어찌 합당하겠는가. 그렇게 한다면 나라가 어디에서 어진 인재를 얻을 수 있겠는가." 하고, 이어 말하기를 "이맹휴는 나이는 젊으나 언사가 고상하니 먼저 백성을 가까이하는 관직에 시험해 보는 것이 좋겠다." 하고 즉시 한성부 주부에 제수하라고 명하였다. 또 주상 앞에서 대답한 것이 주상의 뜻에 잘 맞아서 더욱 사랑받았으며, 여론도 흡족해하였다. 사람들이 더러 동중서董仲舒 이후로 유일한 사람이라고 일컫기도 하였다. 도성 오부五部의 각 방坊이 부역이 고르지 않아서 가난하고 힘없는 백성이 더욱 곤욕을 당하고 있었다. 당시에 바로잡으라는 명이 내리자 한성부 판윤이 맹휴에게 그 일을 맡겼다. 이에 두루 다니며 고충을 탐문하고 일일이 조정하여 균등하게 하였다. 판윤은 한 글자도 바꾸지 않고 주상에게 아뢰어 행하였으니, 지금까지도 공평하다고 일컬어지고 있다.

이윽고 또 예조 정랑에 제수되어서는 사관史官을 겸했으므로 주상을 가까이에서 자주 모셨다. 주상이 매양 시무時務에 관해 질문하고는 그 견식에 탄복하였다. 책을 읽으라고 명하여 권이 끝나기 전에는 그만두라고 하지 않았으니, 흥미로워서 지루하지 않았기 때문이다. 책의 내용에 의심나고 애매한 부분이 있거나 속음俗音이 잘못된 곳 등은 모두 그에게 물어 바로잡았다.

또 왕명을 받아 『춘관지春官志』를 찬술하였는데, 나라의 전례가 격식에 어긋난 데다 유실되고 결손되었으므로 남은 기록에서 찾아내고 여항에서 구하여 4권으로 편찬하였다. 또 사신의 접대를 담당하는 직무를 관장하였으므로 이어 『접왜역년고接倭歷年攷』 2권을 별도로 만들었다. 근거하여 상고한 것이 넓고 통달하였으며 의론이 깊고 원대하였으니, 모두들 경세經世의 요체라고 하였다. 중략

을축년1745 영조 21 가을에 만경 현령萬頃縣令으로 나갔다. 만경은 바닷가에 위치한 외지고 작은 고을로 폐단이 날로 쌓

여 가므로 벼슬살이하는 이들이 꺼리고 피하는 곳이어서 부임한 자들이 대부분 제대로 정사를 돌보지 않았다. 맹휴는 만경현에 부임하자 관아의 일을 집안일처럼 다스렸다. 중략 다음 해 5월에 모친상을 당하여 운구를 따라 성호장에 돌아왔다. 복상하면서 틈틈이 예경禮經을 깊이 학습하여 『예설禮說』 1권과 『예기설禮記說』 1권을 지었다. 또 예전에 배운 학문을 다시 연구하여 경설經說 여러 편을 남겼다.

과거에 급제하여 벼슬길에 들어서서 조정 안팎의 관직을 역임하면서 실로 근심되는 일이 많았다. 이에 봉사封事 수만 여 글자를 지었다. 중략 때를 기다려 임금께 올리기를 바랐지만 뜻을 이루기 전에 병에 걸려서 신미년1751 영조 27 5월에 마침내 운명하였다. 이 어찌 그 한 몸의 불행이겠는가. 중략

아들 하나를 두었으니 당대의 문장가 채팽윤蔡彭胤의 외손이다. 독서를 좋아하고 집안에서의 행실을 독실히 닦는 것으로 보아 가문을 이을 것으로 기대되니, 늙은이가 슬픔을 잊고 스스로를 위로할 만하다. 아, 이것도 천명天命인가.

성호가 71세이던 1751년 39세에 병으로 사망한 아들 이맹휴의 일생을 기록한 행록이다. 이맹휴는 성호가 33세이던 1713년에 얻은 첫 자식이다. 이 글 첫머리에서 당시 성호는 『맹자』를 읽고 있었다고

말했고, 안정복에 따르면 성호가 『맹자질서』를 짓기 시작할 무렵에 아들을 낳았으므로 어릴 적의 자를 맹협孟協이라 하였으며, 이름 역시 맹孟 자를 써서 지었다고 한다. 휴休 자는 돌림자이다.

성호가 지은 여러 편의 시에는 아들에 대한 각별한 사랑과 함께 총명한 아들에 대한 기대가 드러나 있다. 산사로 공부하러 간 아들을 두고 지은 시의 "나는 만년에 아들을 두었으니, 조개가 진주를 품은 것과 같아라." 같은 구절은 당시로서는 늦게 얻은 귀한 아들에 대한 사랑과 기대가 어떠했는지 가늠하게 한다. 이맹휴는 이런 부친의 기대에 부응하여 성호가 62세이던 1742년 정시에 장원급제하였고, 이잠의 조카라는 치명적 약점에도 불구하고 영조의 신임을 받아 비교적 순탄한 관직 생활을 하고 있었다. 1748년에는 손자 이구환이 결혼하였으니, 아들과 손자가 함께 가문을 다시 일으키리라는 기대가 큰 시기였다. 그러나 기쁨은 오래 가지 못하여 이맹휴는 1748년부터 병을 앓다가 1751년 5월 7일에 사망하였다.

성호의 조카 이용휴의 외손자 이학규李學逵가 손자에게 보낸 편지에서 "예전에 성호 선생의 아들 좌랑공이 기이한 병에 걸렸을 때, 선생이 낮에는 밥을 먹지 않고 밤에는 제대로 자지도 않으면서 음식과 탕약을 제때를 놓치지 않고 챙겼다. 좌랑공이 돌아가시고 나자 선생은 즉시 침소로 돌아가 눕자마자 드르렁드르렁 코를 골며 주무셨다. 누군가 '너무 무정한 것 아닙니까?' 하자, 선생이 답하기를 '내가 이제 노쇠한데 하나밖에 없는 아들이 기이한 병에 걸렸으니 밤낮으로 치료한 것은 나의 본분이다. 그가 죽은 것은 운명이니, 어찌 운명에 대항하겠는가. 편히 자고 마지못해 밥을 먹어 나의 여생을 마치는 것도 본분이다.' 하셨다. 이 일은 내가 어릴 적에 외할아버지 혜환공惠寰公께 들었다."라고 하였으니, 마지막 구절에서 손자에게 기대를 걸며 운명으로 받아들이는 모습이 꾸밈이 아님을 알 수 있다.

증조부 소릉공 화상찬

先祖少陵公畫像贊

의정부 좌찬성을 지낸 나의 증조부는 임진년1592 선조 25의 공로로 광해조에 위성 공신衛聖功臣에 녹훈錄勳되었으나, 실제로는 위사 공신衛社功臣이다. 당시에 선조宣祖는 서쪽으로 영변寧邊까지 몽진蒙塵하였으며, 광해군이 세자로서 종묘와 사직을 받들고 분조分朝를 이끌었는데, 공은 세자시강원 필선으로서 따라갔다. 마침내 천지신명의 말 없는 도움에 힘입어 나라가 다시 안정되자, 어가御駕를 모셨던 사람들은 호성 공신扈聖功臣에 녹훈되었고, 적을 물리친 사람들은 선무 공신宣武功臣에 녹훈되었으나, 종묘와 사직을 호위한 공로에는 녹훈이 미치지 않았으니, 이것은 조정에 흠이 되는 일이었다. 중략

광해군이 즉위하여 비로소 소급하여 녹훈하였는데, 자신의 일이라고 하여 공신의 이름을 '위성衛聖'이라 붙였으니, 또한 잘못이다. 종묘와 사직이 중요하고 임금은 가볍다. 더구나 그 일이 있던 당시에 광해군은 아직 지존至尊의 지위에 오르지도 않았음에랴. 계해년1623 인조 1에 인조가 반정反正하고서 비로소 위성 공신을 혁파하였는데, 영의정 이원익李元翼이

건의하기를 "위성훈은 비록 광해조에 녹훈하였기 때문에 이러한 명칭을 가지게 되었지만, 실상은 종묘와 사직을 호위한 일로 광해와는 관계가 없으니, 혁파해서는 안 됩니다." 하니, 인조가 다시 회복하라고 명하였다. 그런데 담당 관원이 그 명칭을 곤란하게 여기자 호성 공신 뒤에 붙이도록 명하였으나, 뒤에다 붙여서는 안 된다는 의견도 있고 공신의 이름을 별도로 만들어야 한다고 주장하는 사람도 있었기 때문에 모두 시행되지 못하였다고 한다.

예전의 규례에는 녹훈된 사람에게는 반드시 교서教書를 하사하고 초상화를 그리게 하였으니, 공신에게 단서철권丹書鐵券을 하사하고 기린각麒麟閣에 초상화를 걸어 두었던 한漢나라의 고사故事를 따른 것이다. 소릉공에게 내린 교서에 "교악喬嶽과 태산泰山처럼 우뚝하여 흔들 수 없는 지조가 있고, 진귀한 구슬처럼 순수하여 손댈 수 없는 보배로움이 있도다." 라고 하였으니, 공인된 칭송이다.

영정影幀이 충훈부에 보관되어 있었는데 공훈이 혁파되고 나서 사가私家로 옮겨 봉안하였다. 때때로 밖으로 모셔 내어 바람을 쏘인 뒤에 중당中堂에 걸어 두고 자손들이 줄지어 모시고 서서 우러러 배알하니, 의연하게 친히 가르침을 받는 듯하였다. 또한 윤덕희에게 부탁하여 한 본을 베껴 그리도록 하였는데, 예전의 영정에 비하여 조금 작다. 첩으로 장정하고 보관하여 후세에 전한다. 찬은 다음과 같다.

군자라는 것은 그릇이니 君子者器也
자신에게 쌓아 두면 덕기가 되고 蘊之在己爲德器
세상을 다스리는 데 베풀면 재기가 되며 措諸世治爲才器
부귀를 누리고 자손이 번성하면 복기가 되네 富貴崇高子孫耳耳爲福器
세 가지를 두루 갖추셨으니 三者備具
하늘이 도우심이 마땅하도다 允天攸佑
쌓지 않는다면 두터울 수 없거니와 匪積不厚
편안하지 않다면 어찌 오래 지속되리 匪安奚久
멀리서 발돋움하여 바라보니 遠跂而望
엄숙한 모습 조정에서 흔들림 없었고 儼然聲色不動於廟朝之上
가까이 우러러 배알하니 近瞻而拜
온화한 화기가 집안에 가득하네 藹然和氣泛溢於門闌之內
자손들이 차례대로 늘어서니 昭穆列侍
해이한 마음을 감히 품지 않거니와 不敢萌懈怠之心
간곡한 가르침이 들리지 아니하는가 獨不聞提耳警誨之音

성호의 증조부 이상의李尙毅는, 자는 이원而遠이고 호는 소릉少

陵으로 이조 판서, 의정부 좌찬성 등을 역임하였다. 임진왜란 때 세자인 광해군을 호종한 공으로 1612년 광해군 4 위성 공신에 책록되어 여흥군驪興君에 봉해졌으나, 1623년 인조반정 이후 공신이 혁파되어 훈봉이 삭탈되었다.

이상의의 초상화는 위성 공신에 책봉되어 그린 것으로, 공신에 관한 사무를 담당하는 충훈부에서 보관하다가 공신이 혁파된 뒤에는 후손들이 보관하게 되었다. 성호를 비롯한 후손들은 때때로 선조의 초상화를 배알하면서 훌륭한 선조와 가문에 대한 자부심을 느끼고 선조의 가르침을 잘 지켜 나가겠다고 다짐하였을 것이다.

성호가 찬을 붙인 이상의의 초상화는 원본을 조금 작은 크기로 모사한 것으로 윤선도尹善道의 현손이자 윤두서의 아들인 윤덕희가 그렸다. 윤두서는 성호의 둘째 형 이잠의 벗이고 윤덕희는 셋째 형 이서의 제자인데, 윤두서의 조부 윤예미尹禮美가 이상의의 증손녀에게 장가들었으므로, 성호 집안과 인척의 연도 있었다. 초상화의 모본을 만든 것은 성호가 55세이던 1735년의 일인데, 이해에는 아들 이맹휴가 진사시에 합격하는 경사도 있었다.

경기도 안산시에 있는 성호기념관에는 영정의 초본草本으로 보이는 「이상의 영정」과 윤덕희가 그린 「소릉이선생유상」이 소장되어 있는데, 바로 성호가 찬을 붙인 것이다.

제 2 장

현실에 발을 딛고

성호는 경신환국의 여파로 2세에 부친을 여의었다. 26세 때에는 둘째 형 이잠이, 뒷날 경종이 되는 희빈禧嬪 장씨張氏 소생의 세자를 보호해야 한다는 취지의 상소를 올렸다가 국문을 받는 과정에서 사망한 후로, 과거 공부를 그만두고 학문에 전념하였다.

첨성리는 당시 행정구역상으로 광주廣州에 속하였지만 안산과 더 가깝고 섬촌剡村, 섬곡剡曲이라고도 부르는 곳으로 선영과 선대부터 내려오는 전장이 있는 여주 이씨의 세거지이다. 성호가 첨성리에 은거한 것은 대략 40대 후반으로 추정된다. 성호는 35세인 1715년 모친이 돌아가시고 나서 상을 마친 후에는 비옥한 농토와 건장한 노비 등을 모두 종가로 돌려보냈고, 이후로는 어려운 생활을 하였다고 한다. 그의 글 곳곳에서 보이듯이 성호는 경제적으로 넉넉한 상황이 아니었다.

성호는 스스로를 벼슬하지 않는 사士라고 여겼다. 벼슬하지 않는 사는 농사짓는 일반 백성과 같은 존재로 학문을 하면서 농사를 지어 가족을 부양하는 것은 당연한 일이며, 마음을 다스리고 농사를 짓는 것이 본분이라고 생각하였다. 실제 성호는 첨성리에서 닭을 기르고 벌을 치기도 하였다.

또한 성호는 농사짓는 일반 백성과 마찬가지인 사람은 생활도 그에 맞게 해야 한다고 생각하여 검소한 생활을 몸소 실천하고 가족과 제자들에게도 그렇게 가르쳤다.

밥상 앞에서

對案五章章四句

음식을 먹을 때는 예의 있으니　維食有儀
그 원리 하늘에서 나온 거라네　厥則由天
무슨 상관 있냐고 말하지 마라　毋曰胡害
나태하면 곧바로 허물 생기리　怠斯有愆

큰 띠 두르고 두건 쓰고서　垂紳戴巾
무릎을 꿇고 앉아 몸을 세우고　長跪植躳
오로지 먹는 데만 전념하면　用志不分
그 또한 마음의 공부가 되리　爲厥心功

수북이 담겨 있는 밥 한 그릇　有饛者飱
소반 위에 놓인 술 한 잔　有杅在盤
먹고 마시며 거듭 감탄하지만　下嚥三嘆
힘들여 애쓴 과정 꼭 살펴야 하리　必念其艱

농사를 짓는 일 참으로 어렵고　稼穡旣艱

불 때서 밥 짓기도 고생스럽다 饎爨亦苦
먹으면서 두려워할 줄 안다면 坐啖知懼
감히 배를 채우길 어이 바라랴 敢睎充哺

날것을 먹던 때는 지나갔는데 茹毛旣遜
요즘 사람 그보다 한술 더 뜨네 後民彌淫
그렇다고 내 어찌 근본 잊으랴 台敢忘本
그 뜻을 다지고자 잠언 지었네 矢口成箴

시의 형식을 취하고 있지만 "잠언 지었네."라는 마지막 구절에서 알 수 있듯이 잠箴의 성격을 지닌 글이다. 원문에는 제목 옆에 "예禮는 음식에서 시작되는데, 바르게 앉아서 밥상을 대하는 것은 근본을 잊지 않기 위해서이다."라는 주가 달려 있어 이 글을 지은 성호의 의도를 짐작할 수 있게 한다.

성호는 아마도 혼자 밥상을 마주하고 밥을 먹었을 것이다. 함께 식사하는 사람이 있더라도 당시의 풍속대로 각자의 앞에 소반 하나씩이 놓였을 것이다. 지금도 남아 있는 조선 시대의 소반은 대부분 지름이 40센티미터 정도 되는 작은 크기이니, 밥과 국 외에 그리 여러 종류의 음식을 놓을 수 없다.

성호는 밥 한 그릇과 술 한 잔이 놓인 밥상 앞에 손님을 맞거나 외출

해도 될 정도의 옷차림으로 공부할 때와 다름없이 무릎 꿇고 앉았다. 이것이 성호가 말한 음식을 먹을 때 차려야 되는 예의일까? 공자도 말했듯이 예는 형식보다 마음이 중요하다. 정성스러운 마음이 바로 예의 시작이자 완성인 것이다. 그렇다면 마음만 바로잡으면 되지 왜 의관을 바로잡고 꿇어앉아 밥을 먹는가? 몸가짐도 함께 정돈되어야 비로소 마음을 가다듬어 잡념을 없애고 오롯이 밥상을 대할 수 있기 때문이다. 어떤 일을 할 때 그 일에 전념하는 것이 바로 생활 속에서 마음을 기르는 공부의 출발점이다.

목숨을 유지하기 위한 가장 기본 조건인 음식을 먹으며 밥 한 숟가락이 내 입으로 들어가기 위해 거친 과정과 애쓴 사람들을 생각하면 절로 고개가 숙여질 것이고 그렇게 유지되는 내 몸 또한 함부로 다루지 못하게 될 것이다.

여행길에서
記行

이틀 밤을 어느 촌가에서 묵으니	蘧然信宿寄村廬
나그네 마음 쓸쓸하여 갈피를 못 잡겠다	客意怊怊迷所如
새벽닭은 여기저기서 울어 대고	鷄聲一唱二唱久
하늘에는 새벽 별 하나둘 줄어드네	天色五星三星疎
시름겨워 마부의 힘에만 의지하고	愁中但仗僕夫力
꿈속에서 잠깐 아이의 서신을 보노라	夢裏俄看兒子書
칠백 리 노정을 이제 반쯤 왔는데	七百里程今半道
온조왕의 유적은 어느 곳에 있는고	溫王何處有遺墟

성호는 여행을 많이 하여 거의 온 나라를 돌아다녔는데, 언제 어느 곳에 다녀왔다는 정확한 기록은 거의 없다. 확인할 수 있는 것으로는 27세에 삼각산과 관악산을 유람한 것을 시작으로 29세에는 경상도 순흥의 소수서원, 봉화의 청량산, 안동의 도산서원을 차례로 방문하였고, 34세와 64세에는 황해도 금천과 천마산에 다녀왔는데 금천은 성호 집안의 선영이 있는 곳이기도 하다. 또 어릴 때 형들을 따라 충

주에 갔었다는 기록도 있다. 원주에 다녀온 기록도 두 차례 보이는데, 37세와 45세 때였다. 원주에는 정득주鄭得柱에게 시집간 성호의 동복 누이가 살고 있었고 성호 집안의 선영도 있었다. 여러 편의 글에서 금강산을 거쳐 함흥까지 다녀온 것을 확인할 수 있지만, 20세 무렵으로 추정할 뿐 언제 누구와 함께 갔는지는 알 길이 없다. 다만 여정을 고려해 보면 금강산에 갈 때 원주를 거치지 않았을까 추측할 뿐이다.

이 시 역시 여행 중에 지은 것이 분명한데, 온조왕의 유적을 찾아 700리의 여정을 작정하고 나선 길이라는 말에서 옛 백제 땅인 충청도, 전라도 지역으로 향했다는 것을 어렴풋이 짐작할 수 있다. 또 이어지는 시들에서 대략이나마 성호의 발자취를 더듬어 볼 수 있는데, 순창, 남원의 무은암, 무등산, 백마강, 임천, 마곡사 등이다. 이 여정을 통해 전라도 순창, 남원, 광주와 충청도 부여, 공주 등지를 여행한 것을 알 수 있다.

안경 예찬

靉靆歌

촌 늙은이 노쇠하여 눈이 침침해졌는데	野翁衰朽明欲喪
인력으로 늙은이 젊게 바꾸어 놓는구나	人力能教老變少
동전 같은 두 유리알 짐승뿔로 만든 테	玻瓈雙錢角爲匡
침침한 눈에 걸치니 묘한 힘을 발하네	持暎昏眸發天巧
책상 가득 쌓인 책 밝게 대하여 읽으니	群書滿案炯相對
파리 머리 같은 글자 하나하나 구분되네	一一可辨蠅頭小
묻노니 어디에서 이 물건을 얻었는가	借問何從得此物
머나먼 구라파에서 처음 들여온 거라네	初來遠自歐羅巴
구라파 사람들이 처음 만든 이 물건	歐羅巴人創新制
금비로 망막 긁어 수술한 것과 같네	金篦括瞙還同科
암실에 밝은 달빛 어찌 허황된 소리랴	暗室明月豈虛語
내 집에 촉룡 왔대도 과장이 아니라네	寒門燭龍應非過
어리석은 사람은 눈이 커졌나 의심하고	癡人錯疑眼孔大
소년들은 장난삼아 털끝 비춰 본다네	少年戲與秋毫爭
내 들으니 성인이 눈의 힘을 다 써서	吾聞聖人竭目力
법도를 전해 주어 이름을 남겼는데	繼之規矩傳後名

아아, 이 안경은 지극한 보배이니 嗚呼至寶靉靆鏡
천금보다 그 공이 더 크다 하리라 厥功更大千金輕

성호는 안경을 소재로 한 시 3편과 명銘 1편을 남겼으며, 『성호사설』에서도 「애체靉靆」라는 글에서 안경에 대해 언급하였는데, 안경의 모양과 재질, 유래 등에 대한 언급을 빼 놓지 않고 있어 사물을 관찰하는 성호의 태도가 여실히 드러나 있다. 이 밖에도 편지나 시 여러 곳에서 안경을 언급하고 있다.

항상 책을 대하는 노년의 눈이 침침해진 성호에게는 안경이 무엇보다도 반가운 존재였을 것이니 '다시 젊어진 듯하다.'나, '빛을 비춰 주는 촉룡이 왔다.'는 표현도 과장은 아니었을 것이다. 「안경에 대한 명靉靆鏡銘」에서는 안경을 만든 구라파 사람들을 "하늘을 대신하여 인을 행하였도다."라고 극찬하기도 하였다.

성호는 안경 선물을 세 차례 받은 듯하다. 1730년대 초반에 경상 좌병사로 있던 재종질 이복휴李復休와 벗 이광원李光遠이 안경을 보내 주었는데, 당시 성호는 50대에 접어들고 있었다. 1740년에는 어릴 적부터 벗인 양산 군수梁山郡守 김이만金履萬도 편지에 안경알 두 개를 동봉해 보냈다. 이광원에 대한 만사에서는 "과거 그대 나에게 안경 주었던 일 생각하니, 차마 그 안경 쓰고 만시를 못 짓겠네."라며 친우를 잃은 슬픔을 드러냈다.

시름
愁二首

시름과 병은 바다처럼 끝이 없어	愁病如滄海
정신과 혼이 아득한 데로 떨어지누나	精魂墮渺茫
언제나 이 추위는 다하려는고	幾時寒有盡
올해는 유독 밤이 길고 길구나	今歲夜偏長
먼지 두터이 쌓인 책은 시렁에다 던져두고	塵厚書抛閣
술잔에 술을 부어 배를 축이네	盃親酒沃腸
원컨대 날랜 말을 타고서	願言乘快馬
햇살 아래 평평한 언덕을 달려 봤으면	白日走平岡

근심이 언제 끊어진 적이 있던가	愁思何曾斷
삼 년 동안 온갖 고초를 겪었노라	三年履雪霜
매달린 등불로 밤이 긴 줄 알겠거니	懸燈知夜永
베개에 기대어 동이 트길 기다리네	倚枕候晨光
객석에는 한담할 이도 없고	客席無閒話
책상 위엔 그저 약방문만 있네	書牀只藥方
칠순이라 다시금 한 살을 더 먹으니	七旬增一齒

묵묵히 생각하매 슬플 뿐이로다 　　默念但悲傷

시름이라는 제목만이 아니라 시어 전체의 분위기가 매우 처연하다. 잠도 오지 않는 춥고 긴 겨울밤을 병든 몸으로 책도 보지 못하고 함께 이야기 나눌 사람도 없이 견뎌야 하는 괴로운 심정을 스스로 따라 마시는 한 잔 술로 달래 보지만 "묵묵히 생각하매 슬플 뿐이로다."라고 토로하고 있듯이 쉽사리 삭일 수 있는 슬픔이 아니다. 무거운 현실을 짊어진 시인은 술기운을 빌려 이곳저곳 여행하던 젊은 시절을 떠올리고 있는 것일까?

시에서도 보이듯이 이때 성호는 71세였는데, 아들 이맹휴가 3년 전인 1748년부터 병에 걸려 앓고 있었고 70대에 접어든 성호 역시 건강하지는 않았을 것이다. 비슷한 시기에 지은 것으로 보이는 「동천자가 엿을 보내 준 것에 사례하다謝桐泉子惠餳」 시에 "자식은 병들어 앓고 아비는 늙어서, 긴 밤 차가운 등불 아래 무료히 앉았더니."라는 구절이 당시 성호의 정황을 그대로 드러내 주고 있다.

흥취가 일어
寓興

한 굽이 후미진 성호촌에서	一曲星湖社
번뇌하는 마음을 베어 버렸지	煩心已剗除
날씨 화창하니 벌들은 꿀을 모으고	日和蠭養蜜
바람 멎자 새들은 편안히 쉬네	風靜鳥安居
옛일은 큰 교목에 다 남아 있고	舊事留喬木
신지식은 서양 서적에서 얻게 되누나	新知得異書
이따금 지팡이 짚고 밖으로 나와	偶然扶杖出
눈길 닿는 데까지 들판을 본다	極目看郊墟

노년에 은거하는 학자의 심경이 드러나는 시이다. 성호가 은거하던 첨성리는 병조 판서를 지낸 8대조 이계손이 터를 잡은 이후 선영과 전장이 있는 성호 집안의 세거지였다. 근처에 성호星湖라는 호수가 있어 이곳에 있던 성호 집안의 전장을 성호장星湖莊이라 불렀다. 당시 행정구역으로는 광주부廣州府에 속했지만, 광주와는 100리 가량 떨어진 안산에 더 가까운 곳이었다. 성호는 대략 1727년영조 3인 47세

무렵부터 이곳 성호장에 은거한 것으로 추정하고 있다.

성호의 가문은 임진왜란 때 광해군을 호종한 공으로 증조부 이상의가 공신에 책봉된 이래 매우 번창하였고, 부친 이하진이 청나라에 사신으로 다녀오면서 구입해 온 수천 권의 책을 포함한 집안의 장서는 성호가 학문에 매진하는 바탕이 되었다. 실제 성호의 독서 범위는 매우 넓었고 서양 서적을 통해 터득한 서양의 학문과 종교, 과학, 기술에 대한 지식과 관심은 그의 여러 저술에서도 드러난다.

개떡

假餠詩

진짜 떡이야 맛있지만	眞餠旣云美
개떡 맛도 일품이라네	假餠味亦奢
병든 나 보리 추수 기뻐하면서	病翁喜及麥
그걸 일어 먼저 빻길 재촉하였지	淘洗促先磨
보릿가루 반죽도 힘이 안 들고	溲麪不費功
솥에 찌면 순식간에 익는다네	熺釜辦咄嗟
예전부터 김 올려 떡 찌는 사람	前來氣燻人
시루를 첩첩이 더하였었지	瓦豆疊相加
뚜껑 열면 선명하게 뜸이 든 것이	離離帶飯餾
꿰어 놓은 구슬처럼 보기가 좋네	綴玉看更嘉
베어 물면 입안에 침이 고이고	一嚼滋齒舌
삼키면 배 속이 든든해지지	再嚥旺脾家
촌사람은 일해서 먹고살기에	野人但食力
배부르고 노는 일 자랑거리지	飽嬉事堪誇
고기 맛은 본래 잘 알지 못하니	庖牢本不識
양생의 영단 묘약이나 다름없다네	養年敵靈砂

근자에 임금 은혜 깊고 중하여	近者君恩重
그 은택의 물결이 집에 미쳤네	澤流覃茅窩
정성을 담뿍 담아 올린 미나리	進芹固有忱
삼베옷 입은 등에 따뜻한 햇살	背暄衣麢麻
어찌 구중궁궐에 능히 전할까	那能達九閽
먹고파도 참고 외 올린 마음	忘口替獻瓜
어진 임금 작은 정성 헤아리시고	天仁燭微隱
하찮아도 나에게 허물 않으리	雖賤不余瑕
민심은 미루어 알 수 있는 것	民情可推類
충절 다하는데 어이 차등 있으랴	殫節豈等差
그 옛날 곡식 가루 모아서 찐 떡	須知古糗餌
실하고 소박한 게 그만이었지	樸素貴無華
한번 보라 나의 이 보리 개떡을	請看吾假餠
용단차와는 비교가 아니 된다네	不比龍團茶

보리 개떡은 보리를 찧어 껍질과 보리쌀을 분리하고 남은 속겨인 보릿겨를 반죽해 찐 것이다. 이름은 떡이지만 실제 곡식은 한 톨도 들어가지 않은 그야말로 모양만 떡이다. 개떡은 보릿겨뿐만 아니라 밀을 빻아 밀가루를 뇌고 남은 찌거기인 노깨나 메밀에서 메밀가루를 내고 남은 속껍질인 나깨로도 만들어 먹었다고 한다.

성호가 먹은 개떡이 보릿겨로만 만들었는지 보리쌀을 빻은 가루로 만들었는지는 알 수 없지만, 힘겨운 보릿고개를 견딘 백성들의 주린 배를 채워 준 고마운 음식이었을 것이다. 성호 역시 생명을 늘려 주는 신령한 단약이나 중국에서 황제에게 올렸다는 최고급 차인 용단차에 서슴없이 보리 개떡을 견주고 있다. 아마 사람이 먹는 음식은 모두 귀하다는 생각이었을 것이다.

시의 후반부에서는 임금의 은혜에 감격하여 그 옛날 흔하디흔한 채소인 미나리를 맛이 좋다고 임금에게 올린 시골 백성이나 등에 닿는 따스한 봄날의 햇볕을 임금에게 바치고 싶어 했던 백성처럼 임금에게 보리 개떡이라도 올리고 싶다고 말하고 있는데, 성호의 시에서는 보기 드문 구절이다. 이는 당시 정시에 장원급제한 아들 이맹휴를 눈여겨본 영조가 그를 한성부 주부에 특별히 제수했기 때문에 옛날 임금에게 자기가 좋다고 생각한 것을 바친 시골 사람들처럼 하찮은 보리 개떡이라도 바쳐 은혜에 보답하고 싶은 마음 한 자락을 드러낸 것이다.

서리가 내려 콩을 죽이다
隕霜殺菽

노나라의 정공 원년 가을에	魯定元年秋
공자께선 콩을 죽였다 썼네	聖筆書殺菽
콩은 오곡 중의 하나에 드니	菽居五穀一
벼 보리의 흉년과 똑같은 재앙	災比無禾麥
올해도 지독한 가뭄 뒤끝에	今歲苦旱餘
늦게 심어 채 여물지 않았는데	晏種猶未熟
된서리가 갑자기 땅을 뒤덮어	嚴霜忽滿地
들녘마다 푸른빛 하나도 없네	四野無青色
콩 없어도 이미 안 될 일인데	無菽旣不可
벼까지 죽였으니 혹독하구나	殺稻又反酷
백성들 굶주림을 아니 돌보면	民飢固不恤
나라 수요는 어찌 마련할까	何以供軍國
관부에선 마감할 결수가 있어	官府有勘結
흉년 두고 풍년이라 말을 한다네	謂匈爲豐碩
지체된 세금 어찌 용납을 하랴	賦斂豈容欠
못 갚은 환곡 독촉 빗발치누나	逋糴宜敦責

마을마다 백성들 손을 놓고서　村村但袖手
남녀 모두 번갈아 통곡만 할 뿐　男婦遞相哭
낫 들고 마른 줄기 베어 보지만　持鎌刈枯苗
많은 식구에 한 섬도 거둘 게 없네　百口無一斛
추수철 수확 채 안 끝났는데　方秋穫未訖
빌어먹는 사람들 이어지누나　丐者來相續
전하여 듣건대 백 리 밖에는　傳聞百里外
흉년이 극심해 더 비참하다네　地赤尤堪惻
이곳도 전에 없는 기근이지만　吾鄉已無前
그 땅에는 앞으로 무얼 먹을까　彼土將奚食
지혜로운 이 곡식 옮길 생각 하지만　智者思移粟
도적을 방비할 대책 없어라　盜賊防無策
위에는 요순 같은 성군 계시니　上有堯舜聖
좌불안석 민가를 염려하겠지　側席念蔀屋
봄이 오면 창고의 곡식을 내어　春來發倉廩
노약자들 구제에 적극 나서리　拯救及老弱
누가 부모 가까이 계심을 알랴　誰知父母邇
걱정 그치고 다시금 즐거워지리　徹憂還思樂
백성들 다 죽으란 법이 없으니　蒼生無盡劉
하늘이 꼭 다시 살려 주리라　生意必天錫

『춘추』는 노나라 역사책이다. 역사에는 정상적인 자연 현상은 기록하지 않는데, 가을인 음력 8월에 콩이 시들 정도로 내린 된서리는 재이로 기록될 만하다. 그래서 공자가 『춘추』에 서리가 내려 콩을 죽였다고 기록한 것이다. 성호 역시 이 시 한 편에 그해의 작황, 흉년인데도 풍년이라 말하면서 세금과 환곡을 독촉하는 관리들의 태도, 애써 낫을 들고 들판에 나가지만 빈 줄기뿐 수확은 기대할 수조차 없는 현실, 벌써부터 굶주려 떠도는 백성들과 도적을 걱정하는 백성들의 사정을 역사를 쓰듯이 기록하였다.

콩은 벼, 보리 다음으로 중요한 곡식이었다. 백성들은 논에 대한 세금은 쌀로, 밭에 대한 세금은 콩으로 냈고, 벼슬아치들은 녹봉으로 쌀과 콩을 함께 받았다. 성호는 "백성이 필요한 것은 의식衣食뿐이다. 벼가 없으면 보리를 먹고, 보리가 없으면 콩을 먹어서 굶주림을 면할 수 있다."라고 하였으니, 콩까지 거둘 수 없게 된 흉년이니 "앞으로 무얼 먹을까."라는 탄식이 그저 시적 수사만은 아니다.

당장 입에 풀칠하기도 어려운 농민들에게 세금과 환곡을 납부하라는 독촉이 계속되면 결국 그들은 농토를 버리고 유리걸식하는 편을 택했다. 재정과 군정의 근간이 되는 백성이 유랑하는 것은 국가에도 작은 걱정거리가 아니었기 때문에 흉년이 들어 굶주리는 백성이 속출하면 대책을 세웠다. 환곡이나 전세田稅의 납부 기한을 연장해 주고, 굶주리는 백성들에게는 관청에서 죽을 쑤어 먹이거나, 비교적 사정이 나은 고장의 곡식을 옮겨 와 무상으로 나누어 주거나 싼 값에 살 수 있게 해 주기도 하였다. 불가항력인 자연재해 앞에서 기대할 수 있는 것은 나라의 도움이었고, 성호 역시 백성이 부모처럼 하늘처럼 여기는 요순 같은 성군이 적절한 대책을 세워 주기를 기대하고 있다.

삼두회시 서문
三豆會詩序

민호民戶에 편입된 사士는 벼슬 없는 일반 백성이다. 어려서부터 익힌 것이라고는 책 보는 일에 불과하여 농사짓고 장사하는 일을 또 감당해 낼 힘이 없다. 그런데도 오히려 날마다 밥을 두 그릇씩 먹고 철마다 홑옷과 겹옷을 바꾸어 입지만 쌀 한 톨, 실 한 올도 모두 스스로 마련하지 못하고 오직 편안히 앉아서 남들에게 의지하니, 마땅히 어진 사람이 경계해야 할 것이다. 맹자가 "백성은 항심恒心이 없으면 방탕하고 편벽되고 사치하고 분수에 넘는 짓을 한다."라고 하였다. 사치하고 분수에 넘는 짓을 어찌 가난한 백성이 할 수 있겠는가마는 진실로 털끝만큼이라도 분수에 맞지 않으면 검소하지 않은 것이며 검소하지 않으면 사치한 것이요, 사치하면 분수를 넘게 되고 분수를 넘으면 바로 죄에 빠지니, 그 형세가 반드시 그렇게 되어 간다. 이러한 것은 마치 병사의 수가 적으면 적의 기세에 눌리고, 안색이 탁하면 병의 빌미가 되는 것과 같으니, 후회한들 무슨 소용이 있겠는가. 슬프다. 중략

곡식 중에 중요한 것 세 가지가 벼와 보리와 콩인데, 콩은

가장 흔하지만 기근을 구제하는 데는 콩만 한 것이 없다. 『춘추』에서 벼가 익지 않거나 보리가 익지 않으면 기록하였으니 그를 민망히 여겨서요, 서리가 내렸는데도 콩이 죽지 않으면 기록하였으니 다행으로 여겨서이다. 벼가 다 떨어지고 보리가 없으면 봄에 무엇을 가지고 연명하겠으며, 보리가 마르고 콩이 없으면 가을에 의지할 것이 없으니, 이 콩은 가난한 살림이 살아 나갈 계책이다. 콩을 먹는 방법도 여러 가지인데 죽이 가장 흔하다.

죽은 넉넉지 못한 데서 생겨난 것으로, 맷돌로 갈아서 물을 넣어 끓여 양이 많이 불어나기를 바라는데 그 양으로 헤아려 보면 삼분의 일이 더 늘어나서 20일의 양식으로 한 달 동안 먹고살 수 있으니 도움이 안 된다고는 말할 수 없을 것이다. 나는 이미 빈천한 몸이므로 반드시 사물 중의 천한 것을 택하여 종사하고 있다. 하루는 마을 내의 종족들을 부르고 집안사람에게 밥상을 마련하라고 명하였는데 차림이 황두黃豆 한 종류를 넘지 못함을 부끄러워하였다. 황두는 콩의 별칭이다. 콩죽 한 사발과 콩나물로 담근 김치 한 접시, 된장으로 만든 장물 한 그릇으로, 이름을 삼두회三豆會라고 하였다. 어른과 아이가 모두 모여서 다 배불리 먹고 파하였으니, 음식은 박하지만 정의를 돈독히 하는 데 해가 되지는 않았다.

이어서 장난삼아 말하였다.

"공들은 이것이 공자 집안의 가법이라는 것을 아는가? 옛날 공자의 선조 정고보正考父가 세 번 명을 받았는데 갈수록 공순하여 담장을 따라 달아나 피하였으며, 그 솥에다 '이 솥으로 된죽을 끓이고 묽은 죽을 끓여 내 입에 풀칠하리라.'라는 명銘을 새겼으니, 이것이 지위를 떠나 녹봉이 없는 자의 본분이다. 공자는 중유仲由가 가난을 상심하는 것을 비루하게 여기며 말하기를 '콩죽을 먹고 물을 마시더라도 부모를 지극히 기쁘게 하면 효도하는 것이다.' 하였다. 그런데 콩은 마실 수 있는 음식이 아니니 죽을 만들어 먹은 것이 아니고 무엇이겠는가. 그렇다면 이 모임이 바로 성인이 남기신 뜻이니, 달고 기름진 음식에 물린 자들과 함께하더라도 부끄럽지 않은 것이다. 장차 이 모임을 드러내 밝혀서 자손들에게 남겨주어 우리가 이처럼 검약을 잘했음을 알리고자 한다. 뒷날 비록 창고에 남은 곡식이 있다 할지라도 모름지기 1년에 한 번은 이런 모임을 마련하여 보름이나 열흘간 아침이나 저녁을 이렇게 먹어서 대대로 규범으로 삼도록 전하고 그만두는 일이 없기를 바란다."

이번에 이를 노래한 시가 하나의 권축卷軸을 이루었기에 마침내 그 서문을 짓는다.

콩죽 한 그릇과 콩나물로 담근 김치 한 접시, 그리고 된장으로 만든 장물 한 그릇, 1753년 영조 29 73세의 성호가 가까이 사는 친척들을 불러 대접한 저녁상에 오른 음식이다. 성호는 콩으로 만든 음식 세 가지를 함께 먹었다고 하여 이 모임에 '삼두회'라는 이름을 붙였다.

이해에는 가뭄이 들고 장마가 진 데다 서리까지 일찍 내려 농사는 흉년이 들었다. 성호도 열 식구의 생계를 걱정하는 한편 보내는 편지마다 상대방의 생활을 걱정하는 내용을 빠뜨리지 않았다. 또한 흉년으로 여름에도 화적 떼가 음식과 의복을 강탈해 간다는 얘기를 전하며 다가올 가을과 겨울을 걱정하였다.

성호는 흉년에 콩죽 한 그릇을 나누어 먹는 데 그치지 않고 곡식이 넉넉할 때라도 매년 이 모임이 계속되기를 바라면서 함께 지은 시를 모으고 서문을 써서 자손들에게 전해 주려고 하였다. 성호가 삼두회를 얼마나 중요하게 여겼는지는 이즈음 조카 이병휴와 제자 윤동규에게 보낸 편지에서도 드러난다. 특히 이병휴에게는 "흉년이 들어 백성이 곤궁하고 쓸 물자도 부족하니 집안에서는 이에 대비해야 한다. 각자 자신의 형편을 살피는 것이 마땅하니, 우리 집안은 바로 관직이 없는 서민이다. 재물이 어디에서 나오겠는가? 공자가 말씀하시기를 '콩죽을 먹고 물을 마신다.'라고 하였으니, 콩은 본디 마시는 것이 아니다. 그러니 그것을 갈아서 죽을 쑤어서 먹었다는 것을 알 수 있다. 선비란 가난을 근본으로 삼는다.……"라고 삼두회의 취지를 자세히 설명하였다. 또한 그 자리에 모인 친족들에게 한 "스스로 재미있어 하며 지은 것으로 고깃국이 배 속에 가득한 사람들에게 보여 주어서는 안 될 것이니, 그들이 장차 욕을 하며 속을 끓일 것이기 때문이다."라는 당부를 통해 가난을 부끄러워하지 않는 당당한 태도와 함께 세상의 구설을 조심할 수밖에 없는 성호의 다른 모습도 엿볼 수 있다.

외눈박이 닭
瞎雞傳

한쪽 눈이 먼 암탉이 둥지에서 알을 품고 있었다. 오른쪽 눈동자는 완전히 덮였고 왼쪽 눈은 보이기는 하지만 약간 사팔눈이었다. 낟알이 그릇에 가득 차 있지 않으면 쪼지 못하고 다녔다 하면 담장에 부딪혔다. 이 때문에 우왕좌왕하면서 슬슬 피하기나 하니 모두들 이 닭은 새끼를 기를 수 없을 것이라고 하였다. 21일이 다 차서 병아리가 나왔기에 빼어다가 다른 닭에게 주려고 하였지만 가엾어서 차마 그러지 못하였다.

얼마 지나서 살펴보니 달리 하는 일도 없이 항상 섬돌과 뜰 사이에 머물고 있었는데, 병아리는 어느새 부쩍 자라나 있었다. 다른 어미 닭을 보니 거의 죽거나 잃어버려 반도 남아 있지 않은 것도 있었다. 이 닭만 새끼들을 온전하게 건사하였으니 어째서인가?

무릇 세상에서 잘 기른다는 것은 두 가지이다. 먹이를 잘 구하고 위험을 잘 방어하는 것이다. 먹이를 구하려면 건강해야 하고 위험을 막으려면 사나워야 한다. 병아리가 부화하고 나면 어미는 흙을 파헤쳐 벌레를 잡느라 부리와 발톱이 닳아서 뭉툭해지고, 구구거리며 정신없이 사방으로 다니느라 편히 쉴 겨를이 없다. 하늘에서 배회하는 솔개를 살피고 옆에서 엿보는 고양이와 개를 감시하다가 주둥이로 쪼아 대고 날개를 퍼덕이면서 죽을힘을 다해 싸우니, 참으로 새끼를 키우는 방도를 명쾌하게 터득한 것처럼 한다. 병아리를 이끌고 숲과 덤불 사이로 분주하게 다니면서 때가 되어 불러들이면 병아리는 삐악거리며 졸졸 따라다니지만, 어미의 힘은 다하고 몸은 병들어 간다. 그러다가 혹 잃어버려서 물에 빠지고 불에 타기도 하니, 이렇게 재앙이 갑자기 닥치면 먹이를 구해도 소용이 없다. 타오르는 불길처럼 맹렬한 태도로 신중히 보호하고 방어하여 싸우지만 위험을 겪고 나면 병아리 또한 열에 예닐곱은 죽고, 또 멀리 나가게 되면 사람도 보호해 줄 수 없어서 사나운 짐승의 밥이 되고 만다. 이렇게 되면 위험을 막아도 소용이 없다.

저 외눈박이 닭은 모두 반대로 하였다. 다녀도 멀리 가지 못하므로 사람 가까이에 의지하고, 눈으로 잘 살피지 못하므로 항상 두려움을 품고 있었다. 행동거지는 느릿느릿하면서 자주 품어 주고 덮어 주기만 할 뿐 애쓰는 모습은 보지 못하였지만 병아리는 스스로 먹이를 찾아 먹으면서 자랐다.

병아리 기르는 것은 작은 생선 삶듯이 조심스럽게 해야 하며 요란하게 하는 것은 금물이다. 외눈박이 닭이 그만한 지혜가 있는 것은 아닌데 방법이 잘 맞아떨어졌으니, 결국 새끼들을 온전하게 기른 것은 지혜로워서가 아니라 조심하고 두려워하면서 돌보았기 때문이다.

사물을 기르는 방도는 먹이를 먹여 주는 데에 있을 뿐만이 아니고 바로 거느리는 기술이 있어 각각 그 생명을 이루어 주는 것이니, 그 요령은 잘 거느려서 잊지 않는 데 달려 있다는 것을 알겠다. 이에 내가 닭을 기르는 것으로 인해 사람을 기르는 방도를 얻었다.

병아리를 제대로 키울 수 없을 것이라고 여겼던 외눈박이 암탉이 온전한 다른 닭들보다 더 많은 병아리를 건강하게 키워 냈다. 비결이 무엇일까? 다른 암탉들은 여기저기 모이를 찾아 돌아다니며 병아리를 돌보다 보니 뜻하지 않게 위험에 처하는 경우가 많았지만, 외눈박이 닭은 항상 사람들의 눈길이 미치는 곳에서 느긋하게 돌보면서 병아리들이 스스로 모이를 찾아 먹도록 키웠다. 이 때문에 병아리들은 자연스레 사나운 짐승이나 물, 불 등의 위험 요소를 피하게 된 것이다.

병아리를 기르는 태도를 "작은 생선 삶듯이 조심스럽게 해야 한다."라고 하였는데, 이는 『노자老子』에 "큰 나라를 다스리는 것은 작은 생선을 삶듯이 해야 한다.治大國 若烹小鮮"라고 한 데서 온 말이다. 백성들 역시 작은 생선처럼 다루기 어려운 존재이니, 번거롭게 하지 말고 다스려야 한다는 말이다. 또한 위정자들이 백성을 다스리는 데 유의해야 할 중요한 덕목 중 하나로 늘 '어린아이를 돌보듯이 해야 한다.'라고 말한다. 성호는 백성도 병아리처럼 세심한 보호가 필요한 존재로 파악하고 병아리를 돌보듯, 작은 생선을 삶듯 백성을 다스린다면 백성들이 잘 살 수 있다고 보았다.

지렁이

丘引歎

굴에 살던 지렁이 참으로 지혜로웠네 丘引穴蟄何其智
섬돌 아래 파고서 그 속에 살았지 撥土築階引帶裏
천신만고 끝에 몸을 빼내느라 큰 힘 썼건만 萬艱抽身力亦大
개미 떼 몰려와서 마구 끌고 가누나 螻蟻十百來橫曳
꿈틀꿈틀 몸 뒤틀수록 개미는 더욱 모여들고 蠕蠕轉動蟻愈集
닭들은 쪼아 먹으려 다투어 틈을 엿보도다 群雞刺蹩爭窺急
이 지경에는 지혜와 힘도 아무 소용 없으니 智力到此無柰何
슬프다 세상일이 또한 이와 꼭 같구나 嗚呼世事亦同科

땅속에 살던 지렁이가 애써 땅 위로 올라왔지만 결국 개미 떼와 닭의 먹이가 되고 마는 것을 보고 지은 시이다. 성호는 위기에서 벗어나려 몸부림치는 지렁이를 보면서 세상을 떠올렸다. 학문과 덕행을 닦으며 은거하던 선비가 그동안 쌓은 것을 펼쳐 보이리라는 큰 포부를 품고 벼슬길에 나가지만, 결국은 낭패를 당하고 마는 모습과 개미 떼가 달라붙고 닭들이 쪼아 먹으려 노리고 있는 지렁이의 모습이 다를 것이 없어 보였을 것이다. 비슷한 주제의 시 한 편을 더 소개한다.

황새의 낡은 둥지 솔개가 차지했는데	鸛有弊巢鳶作主
황새가 다시 찾으니 솔개가 싫어한다	鸛來尋居鳶反猜
황새가 고생하며 터를 먼저 닦았지만	彼雖辛勤始開基
솔개도 수리하느라 공을 많이 들였지	此亦經營功費來
솔개는 가벼이 날아서 후려치길 잘하고	小者輕飛固善攫
황새는 예리한 부리로 쪼아 대며 싸우네	大者利觜能啄之
아아, 두 짐승 중에 누가 옳고 그른가	嗚呼二物孰是非
하늘 우러러 웃을 뿐 내 어찌 알겠나	仰天一笑吾何知

「솔개와 황새가 둥지를 놓고 다투는 것을 보고 장난삼아 짓다戲賦鳶鸛爭巢」라는 시이다. 서로 둥지를 차지하려고 날개로 후려치고 부리로 쪼아 대는 모습이 정권을 둘러싼 조정의 다툼과 다르지 않다고 암시하는 듯하다.

성호는 아무것도 할 수 없는 상황에 놓인 지렁이를 매우 슬프게 여기지만 바라만 보고 있다. 또한 황새나 솔개 어느 한쪽을 편들지 않으면서 누가 옳고 누가 그른지 알지 못하겠다고 판단을 유보하고 있다. 험한 세상사를 슬픈 마음으로 바라보지만, 관여하지는 않겠다는 성호의 태도가 여기서도 보인다.

군자화
君子花贊

뜰의 섬돌 아래 매화나무가 있는데, 구불구불한 줄기와 무성한 가지가 고상하게 높이 자라나서 생기가 발랄하고 모습이 아름다웠다. 마치 호연지기浩然之氣를 잘 길러 아름다운 기상이 밖으로 드러난 미소년美少年이 옷차림을 정돈하고 용모와 몸가짐을 가다듬고서 섬돌 사이를 단정히 오가며 손님을 맞이하는 듯하였다. 그런데 잘 보호하지 못하여 길가에 버려두자 말이 짓밟고 소가 들이받아 꺾이고 말았다. 이전의 헌걸차고 길던 가지와 연약하고 무르던 가지와 성기고 얽혔던 가지가 하룻밤 사이에 잎이 다 떨어진 나뭇등걸이 되고 말았다. 이 모습은 산림山林에 은거하던 선비가 위태한 세상, 어지러운 나라에 살면서 상서롭지 못한 때를 만나 횡역橫逆이 한꺼번에 몰려와서 참소와 재앙에 걸려 무고無辜하게 형벌을 당하면서도 여전히 분수를 지키며 원망하지 않는 것과도 같다.

그러나 남은 가지에서 싹이 터서 때가 되자 어여쁘고 하얀 꽃을 피워 냈으니, 꺾였다고 기개가 위축되지 않았던 것이다. 이는 마치 올곧게 자신을 단속하는 사람이 곤경 속에서도 잘

헤쳐 나가고 위태로운 상황에서도 뜻은 더욱 굳건하고 몸은 비록 병들어도 마음은 지조를 잃지 않아서 지킬 것은 지키고 행할 것은 행하고 힘쓸 것은 힘써서 끝까지 자기 주장을 굽히지 않는 것과도 같다.

또한 뭇 화초들에 파묻혀서 은은한 향이 드러나지 않아 비록 고결한 향기를 남들이 알아주지 않더라도, 차분하면서도 우아하고 자태가 단아하여 뭇 꽃들과 아름다움을 다투지 않는다. 사람에게 견주어 보자면 세상사에 관심을 두지 않고 남의 평가에 연연하지 않으며 초야에 묻혀 살면서 이렇게 평생 살기를 바라는 군자가 아니라면 그렇게 부를 수 없다. 마침내 느낀 바가 있어 다음과 같이 찬을 지었다.

꽃 가운데 매화가 있으니	花中有梅
군자의 벗이로다	君子之友
향기는 사람을 위해서가 아니라	香不爲人
정결하기에 저절로 있는 것이니	貞乃自有
알아주는 자가 있지 않다면	不有知者
어떻게 능히 취할 수 있으랴	其何能取
내가 나의 꽃을 사랑하노니	我愛我花
기뻐함에 허물이 없으리라	悅繹無咎

주돈이 周敦頤가 「애련설 愛蓮說」에서 "연蓮은 꽃 중의 군자이다." 라고 한 이래 많은 이들이 사군자 가운데서도 특히 연꽃을 군자라고 일컬었다. 진흙 속에 뿌리를 묻고서도 깨끗한 꽃을 피우기 때문이다. 성호는 국화도 좋아했지만 매화를 더욱 사랑하여 주저하지 않고 '군자화'라는 이름을 부여하였다. 그리고 돌보지 않아 짓밟히고 꺾인 매화에 자신의 모습을 투영하였다.

「군자화」는 매화를 찬미하고 있으면서 동시에 성호 자신의 삶을 대변하고 있다. 사람들이 알아주지 않아도 우아한 자태와 그윽한 향기는 변함없고 다른 꽃들과도 다투지 않는 매화의 성정이 은둔하여 욕심 없이 살며 사람들과 다투지 않고 허물을 만들지 않으려는 자신의 신조와 닮아서이리라.

제3장

배우고 가르치며

1706년에 둘째 형 이잠이 세자를 보호하라는 취지의 상소를 올렸다가 국문을 받는 도중에 사망한 뒤로 성호는 과거 공부를 포기하고 본격적으로 학문에 전념하였다. 29세에는 영남 지방, 그 가운데서도 퇴계가 활동한 안동과 그 일대를 여행하였다. 죽령을 넘어 퇴계의 자취가 남아 있는 백운동과 청량산, 그리고 도산서원을 방문한 것이다. 이는 자신의 학문적 지향점을 확고히 하기 위해 성리학의 원류를 찾아 나선 것이라 할 수 있다.

그 후 성호는 서울과 경기 지역에서 퇴계의 학문을 계승한 미수 허목의 근기 남인 학통을 이어받는 한편, 이수광과 유형원으로 내려온 실학사상을 더욱 발전시켰다. 또한 이만부와 정상기 등 당대 학자들과의 교류를 통해 배우고 토론하면서 자신의 성리학과 실학을 한층 심화해 나갔다.

성호는 스승으로서 많은 제자를 길러 냈다. 31세 때 윤동규를 첫 제자로 맞이한 이래 신후담, 안정복 등 쟁쟁한 학자들이 그의 문하에서 나왔으며 말년 제자인 권철신, 이가환 등에 이르기까지 50년 동안 수많은 제자들이 찾아와 배움을 청했다. 성호의 제자들은 학문적 성향이 아주 다양하여 일부는 정통 성리학에 매진하였고 또 일부는 실학자로서 활동하거나 천주교를 학문이 아닌 종교로 받아들여 훗날 박해를 받기도 하였다.

백운동 방문기
訪白雲洞記

기축년1709 숙종 35 10월 그믐에 순흥부順興府에 도착하여 안문성공安文成公 안향安珦을 모신 서원이 있는 백운동白雲洞을 찾아갔다. 나는 문성공의 외손이다. 또 문성공이 예전에 선비의 기풍을 진작하고 백성의 풍속을 크게 변화시켜 우리나라 사람들에게 남긴 은택이 오늘날까지도 없어지지 않고 남아 있다. 지금 옛터가 이곳에 있고 사당이 이곳에 있으니 어찌 흠모하고 공경하지 않을 수 있겠는가.

사당은 순흥부 관아에서 5리쯤 떨어진 곳에 있다. 죽계竹溪를 따라 동북쪽으로 올라가면 넓은 골짜기 한가운데 있는 못가의 작은 정자를 만나니, 바로 경렴정景濂亭이다. 해서楷書와 초서草書로 쓴 두 개의 편액이 걸려 있는데, 해서는 퇴계 선생의 글씨이고 초서는 고산孤山 황기로黃耆老가 쓴 것이다. 정자 아래 물 건너편 바위 위에 흙을 쌓아 만든 단壇이 있는데, 퇴계 선생이 이름을 붙인 취한대翠寒臺이다. 줄지어 서 있는 아름드리 소나무는 모두 선생이 손수 심은 것이고, 바위 위에 새겨 놓은 '백운동'이라는 세 글자도 선생의 글씨이다. 그 아래에 새겨 놓은 '경敬' 자는 신재愼齋 주세붕周世鵬의 글씨라고 한다.

이어서 서원 경내로 걸어 들어가 재실齋室에서 잠시 쉬었다가 사당에 나아가 참배하려고 하는데, 서원의 노복이 검정 유건儒巾과 치의緇衣를 나에게 주면서 입으라고 하였다. 그러고는 나를 인도하여 외문外門으로 들어가서 계단 아래에 자리를 깔아 놓은 다음 앞문을 열고 자리 가운데에 서게 하였다. 나는 공손히 절을 한 다음 조금 물러나 손을 씻고 정문正門으로 들어가 향을 올리고 협문夾門을 통해 종종걸음으로 나와서 뜰에서 배알하고 물러 나왔다. 이 모든 절차는 서원의 규정에 따른 것이다. 중략

다시 재실로 내려와 방명록에 이름을 쓴 다음 서원의 규정집을 찾아다 읽어 보니 바로 고산이 쓴 것이다. 또 첩으로 만든 퇴계 선생의 유묵遺墨이 있는데, 서원의 일로 인하여 관찰사 심통원沈通源에게 보낸 편지였다. 대강의 내용은 이러하였다.

"백운동서원은 전 군수 주세붕이 창건한 것입니다. 죽계의 물이 소백산小白山 아래에서 발원하여 옛 순흥부 안으로 흘러 지나가는데, 이곳은 실로 선정先正 안 문성공이 옛날에 살던 곳으로, 골짜기가 그윽하고 깊으며 구름 낀 산골이 아늑합니다. 땅을 파다가 묻혀 있던 구리를 얻어 각종 도서 수백 권을

사 와서 소장해 두었습니다.……"

이것으로 보건대, 이 서원은 군수 주세붕이 창건하였지만 체계를 갖추는 데는 퇴계 선생의 공이 많았다. 후략

1542년 중종 37에 주세붕이 안향의 사당과 학생들이 공부할 수 있는 건물을 지어 백운동서원이라 이름하였다. 그 후에 퇴계가 풍기 군수 豊基郡守로 부임하여 1549년 명종 4에 경상도 관찰사 심통원을 통해 조정에 요청함으로써 소수서원 紹修書院이라는 편액을 하사받은 우리나라 최초의 사액서원 賜額書院이 되었다.

성호가 백운동을 방문한 것은 외조모가 안향의 후손인 안세로安世老의 따님이라는 인연도 있지만, 그보다는 안향이 성리학을 도입한 인물이고 또 그곳에는 퇴계의 손길이 서려 있기 때문이다.

성호는 먼저 경렴정과 경자바위 같은 서원 주변의 여러 유적을 둘러본 후 서원으로 들어가 정해진 규정에 맞춰 검정 두건과 옷으로 갈아입고 사당에 참배하였다. 사당에는 안향을 중앙에, 그의 삼종손 안축安軸과 그의 아우 안보安輔를 좌우에 모시고 그 옆에 주세붕의 신위도 함께 모셔 놓았다. 안축은 「관동별곡關東別曲」과 「죽계별곡竹溪別曲」이라는 경기체가景幾體歌를 지은 것으로 잘 알려진 고려 후기 문인이다.

사당을 참배한 다음 성호는 강당으로 내려와 협실 속에 소중히 보관

해 놓은 공자와 안향, 그리고 주세붕의 초상화를 열람하였다. 또 퇴계가 사액을 요청하기 위해 심통원에게 보낸 친필 편지를 펼쳐 보면서 성리학자로서의 마음을 다지게 된다.

청량산 유람기

遊淸凉山記

기축년1709 숙종 35 11월 1일, 순흥부에서 신택경申澤卿과 청량산을 향해 서둘러 여장을 꾸려 출발하였다. 저녁에 안동 경계의 청암정靑巖亭에 도착하였는데, 돌아가신 충재冲齋 권 충정공權忠定公 권벌權橃이 살던 곳이다. 개천을 끌어오고 둑을 쌓아 넘실대는 물이 구복암龜伏巖을 둘러싸 흐르고 있고, 바위 위에 만든 정자가 매우 절묘하여 즐길 만하였다. 이어서 충재를 모신 삼계서원三溪書院에 들러, 금명구琴命耈와 충재의 후손인 권보權莆, 권모權謩와 함께 하룻밤을 묵었다.

이튿날 아침에 봉화읍奉化邑에서 홍세전洪世全이 약속도 없이 찾아와 함께 동행하게 되었다. 해 질 무렵 불퇴령佛退嶺에 올라 청량산을 바라보니, 태백산太白山에서 남쪽으로 뻗어 나와 우뚝이 솟아오른 작은 명산名山이다. 마치 창과 깃대가 삼엄하게 늘어선 군영처럼 보이기도 하고 여러 부처가 연화탑蓮花塔에 무리 지어 둘러 서 있는 것 같기도 하여 하늘 높이 구름 속에 솟아올라 나지막한 산들 위로 우뚝 서 있으니, 참으로 그 명성이 헛되이 전해진 것이 아니라 하겠다. 날이 어두워지자 마을 사람에게 관솔불로 앞길을 인도하게 하여 낙천洛川을 건너고 밤이 깊어서야 비로소 산에 도착하였다. 하늘이 이미 깜깜하여 길을 찾기도 힘들어 골짜기가 어떻게 생겼는지는 전혀 보지 못하였다.

연대사蓮臺寺에서 자고, 다음 날 중들과 함께 걸어서 절문 밖으로 나가 주변을 둘러보니, 산중에 맑은 못과 세찬 여울이나 기괴한 바위와 첩첩 봉우리 같은 절경은 없지만, 사방의 절벽이 깎은 듯이 가파르게 솟아 모두 하늘을 떠받치고 있어 마치 병풍을 펼치고 휘장을 드리운 모양 같아서, 보기만 해도 기가 눌려 도무지 기어오를 방법이 없을 듯하였다. 이런 점은 금강산金剛山과 속리산俗離山에는 없는 것으로 다른 명산들이 한 발 양보해야 할 것이다.

절 뒤의 가장 높은 봉우리를 자수봉紫秀峯이라고 하는데 자란봉紫鸞峯과 함께 우뚝 솟아 있고, 오른쪽에는 필봉筆峯, 연적봉硯滴峯이 있는데 이는 생김새대로 붙인 이름이다. 서쪽의 한 갈래가 연화봉蓮花峯, 향로봉香爐峯인데 향로봉 밖으로는 장인봉丈人峯 등 여러 봉우리가 있다. 동쪽의 한 갈래는 제일봉第一峯을 거쳐 금탑봉金塔峯에 이르며, 금탑봉 밖으로는 별도로 한 줄기가 빙 둘러 앞을 에워싸고 있는데 가장 높은 봉우리가 축융봉祝融峯이다. 자수봉은 미륵봉彌勒峯이라고도 하는데 높이가 몇 길이나 되는지 헤아릴 수 없을 정도로 높았다. 계단처럼 층을 이루고 깎아지른 절벽으로 되어 있어 등나무도 붙어 오를 수 없을 정도였다. 바위는 희미한 푸른색인데 성질이 단단하지 않기 때문에 자주 떨어지고 부서져 휑하니 비어서 평평하고 매끄러운 곳이 없었다. 이상이 대강의 모습이다. 산봉우리가 숨은 것도 있고 드러난 것도 있어 다 기록하지 못하지만 중이 가리켜 준 것은 대략 이러하였다.

밥을 먹고 나서 우리는 가벼운 신에 편안한 차림으로 지팡이를 짚고 나섰다. 대승대大乘臺를 경유하여 보현암普賢菴에 이르고 환선대喚仙臺에서 쉬고, 다시 문수암文殊菴을 거쳐 방향을 동쪽으로 돌려서 가다가 북쪽으로 향했다. 만월암滿月菴에 올라 마침내 만월대滿月臺 꼭대기에서 술자리를 마련하였다. 오른쪽으로 선학대仙鶴臺에 올라 바위와 소나무를 붙잡고 골짜기를 굽어보니 훨훨 날아 공중에 있는 것 같아 떨려서 오래 머물러 있을 수 없었다. 여기에 이르자 숨었다 드러났다 출몰하던 산들이 모두 참모습을 드러내고, 아까 우뚝이 높았던 산이 모두 발 아래 있으니, 참으로 청량산에서 가장 경치가 훌륭한 곳이다. 자수봉에 오르려 하였지만 본래 길이 없다고 중이 말하기에 그만두었다.

이때 마침 구름 사이에서 흰옷을 입은 중이 장작을 패는 모습이 나무 사이로 어렴풋이 보이고 떵떵 나무 찍는 메아리가 때때로 들려 또 기묘한 느낌을 부추겼다. 조금 있다가 묶은 장작을 굴려 아래로 떨어뜨리자 마치 하늘에서 떨어지는 것처럼, 혹 나뭇잎이 부서져 어지러이 날리고 회오리바람을 일으키며 흩어져 낭떠러지와 골짜기를 뒤덮으며 달리니, 그 모양이 떼 지어 있던 무수히 많은 참새가 일제히 나는 것 같았다. 모두 말하기를 "이 산의 이런 광경은 사람이 쉽게 볼 수 없는데, 우리들이 마침 보았다." 하고, 마침내 함께 한바탕 웃었다.

선학대의 서쪽에 또 대臺가 있는데 모습은 선학대와 같으나 이름이 없으니, 신택경이 고운대孤雲臺라고 명명하였다. 제일봉 앞에 바위가 곧게 서서 봉우리를 이룬 것은 내가 옥주봉玉柱峯이라고 명명하였으니, 퇴계 선생이 일찍이 소백산을 유람할 적에 이렇게 한 예例가 있으므로 우리들이 감히 따라 한 것이다. 이어서 만암滿菴에서 술을 마셨다. 옥주봉을 따라 내려오면서 김생폭포金生瀑布를 구경하였다. 남여籃輿를 타고 동쪽으로 올라갔는데 1리도 못 가서 길이 갈수록 위태로워져 남여를 버리고 걸어서 어풍대御風臺에 이르렀다. 어풍대는 금탑봉 중턱에 있는데 한 가닥 좁은 길이 띠를 두른 듯 주위를 둘러 통해 있었다. 위아래로 단층이 지어져 마치 층각層閣 같은 모양인데 한 귀퉁이가 살짝 들려서 대가 되었으므로 바람을 탔다御風는 의미로 어풍대라는 이름이 붙은 것이다. 청량산의 진면목을 여기에서 훤히 바라볼 수 있으므로 사람들이 더러 어풍대를 이 산의 제일가는 경관이라고 하였다.

조금씩 돌아 동쪽으로 가서 반야대般若臺를 지나 총명수聰明水에 이르니, 중이 말하기를 "이 물을 마시면 눈과 귀가 밝아지는 효험이 있으므로 사람들이 이곳에 이르면 한번 마셔서 시험하지 않는 이가 없습니다." 하였다. 우리들도 그러한 습속을 따라 장난삼아 맛보았는데 바위 구멍에 있는 샘이라서 물이 꽤 시원하였다.

다시 앞으로 나아가 안중암安中菴에 이르자 판 하나를 매달아서 석벽 위를 덮어 놓았다. 바로 퇴계 선생이 이름을 쓰신 곳이라고 하는데 글씨가 떨어져 나가 지금은 필적을 찾을 수 없다. 이곳을 유람하는 사람들 또한 기둥과 도리, 서까래에까지 다투어 성명을 기록하여 빈틈이 조금도 없었는데도 사람들이 감히 그 옆을 붓으로 더럽히지 않았으니, 영남 사람들이 선생을 존모尊慕하는 것을 여기에서 볼 수 있다. 무지한 중들까지도 다 노선생老先生이라고 칭하고 성姓이나 호號를 말하지 않았다. 선생이 후대 사람들로부터 추앙받는 것이 이 정도이니, 얼마나 아름다운 일인가.

풍혈암風穴菴 옛터에 이르자 바위 모서리가 틈이 벌어져 굴이 남북으로 통하고 넓어서 십수 명을 수용할 정도였는데, 최치원崔致遠이 바둑 두던 곳이라고 한다. 다시 영산전靈山殿과 상청암上淸菴을 지나서 고운암孤雲菴에 이르니, 암벽이 더욱 높고도 가팔라서 구경할 만하였다. 잠시 쉬었다가 돌아가는

데 봉우리 아래에 이르니 다리 힘이 빠져서 다시 남여를 불러서 타고 연대사에 이르러 누대 위에 이름을 적었다. 점심을 들고 나서 다시 길에 올라 하산하여 동구洞口에 이르렀다. 길 오른쪽에 소나무 한 그루가 있는데, 높이는 겨우 한 길이었으나 옆으로 뻗은 가지가 10여 칸이나 덮어서 버팀목을 만들어 지탱하였는데 아래는 무성하게 그늘져서 햇빛이 비치지 않으니, 모두들 "일찍이 이런 것을 본 적이 없다."라고 하였다. 또 시내를 따라 내려오는데 깎아지른 절벽이 병풍처럼 둘러 있고 맑은 물이 절벽을 감싸고 흘러내리니 또한 절경이었다.

내가 우연히 영남에 내려온 것도 이미 만에 하나 있을까 말까 한 일인 데다 세상일에 빠져 버리면 쉽사리 다시 온다고 기약할 수 없다. 그래서 비록 겨울철이기는 하지만 결심을 하고 산에 들어가 주자朱子가 형악衡岳을 유람한 것을 따라 하고자 하였는데, 마침 산에 눈 한 점 없고 사람들이 모두 부채를 부칠 정도로 날씨가 따뜻하였다. 비록 꽃도 잎도 다 진 후였으나 하늘의 복을 받아서 이름난 산천과 연분을 맺게 된 것은 스스로 대단한 일이라 하지 않을 수 없기에 마침내 한바탕 크게 웃었다.

도산서원陶山書院을 방문하러 갈 예정이므로 오던 길을 버리고 왼쪽으로 갔다. 몇 리쯤 가서 홍군洪君이 작별을 고하기에 말에서 내려 풀을 깔고 앉아 술을 따르며 서로 전송하였다. 날이 저물어서야 비로소 도산에 도착하였다.

백운동서원을 방문하고 난 이튿날 성호는 순흥에서 처남 택경 신박申潯을 만나 봉화의 닭실마을로 이동한다. 당시 신박은 부친인 순흥부사 신필청申必淸을 따라 이곳에 내려와 있었다. 성호의 영남 여행은 아마도 장인이 이곳에 재직하고 있었기 때문에 가능했을 것이다.

안동과 경계를 마주한 닭실마을에는 퇴계의 선배 학자인 충재 권벌이 거처하던 청암정이 있었다. 이 정자는 거대한 바위 위에 세운 여덟 칸 누각으로 권벌이 휴식 공간으로 사용하던 곳이다. 또한 이웃 마을에는 권벌을 제사 지내는 삼계서원이 있는데, 퇴계 이황과 미수 허목이 쓴 현판이 지금도 남아 있다. 삼계서원에서 권벌의 6대손인 권보, 권모와 도산서원 원생인 금명구를 만나 하룻밤을 보내고 다음 날 봉화읍에서 홍세전을 만나 청량산으로 이동하였다. 권보의 부친은 당시 퇴계학파의 거두인 창설재蒼雪齋 권두경權斗經으로, 퇴계의 언행록인 『도산언행통록陶山言行通錄』과 문인록인 『계문제자록溪門諸子錄』을 저술한 인물이다. 따라서 당시 봉화에서부터 동행한 이들은 퇴계의 유적을 누구보다도 잘 안내해 줄 수 있는 사람이었다.

그날 저녁 청량산에 도착한 그들은 연대사라는 절에서 하룻밤을 묵은 후 다음 날 아침 청량산에 올랐다. 일행은 대승대, 보현암, 환선대, 문수암, 만월암, 선학대, 김생폭포, 어풍대, 반야대, 총명수, 안중암, 풍혈암, 영산전, 상청암, 고운암을 지나 점심때가 되어서야 연대사로 다시 내려왔다. 도중에 성호는 퇴계가 석벽에 이름을 썼다가 지워진 자리마저도 경모하는 영남 사람들의 습속에 감탄하기도 하고, 퇴계를 흉내 내어 산봉우리에 이름을 붙여 주기도 하였다.

도산서원 참배기
謁陶山書院記

내가 청량산에서 발길을 돌려 도산을 방문할 때 신택경이 함께하였다. 반나절쯤 길을 가서 온계溫溪를 지날 적에 길가에서 멀리 서원을 가리키며 물으니 "노선생의 부친 찬성공贊成公 이식李埴과 종부從父 승지공承旨公 이우李堣, 형 관찰공觀察公 이해 세 분을 제사하는 곳입니다."라고 대답하였다. 영남 사람들은 선생을 지극히 존경하여 선생의 어버이와 스승에 대해서도 추모하는 것이 이와 같다. 하물며 선생이 남긴 발자취가 있고 가르침을 베푼 곳을 사람들이 얼마나 우러러보고 공경하겠는가. 다시 작은 고개를 지나 먼저 애일당愛日堂에 들르니, 바로 이농암李聾巖 이현보李賢輔이 살던 곳으로 매우 아늑하고 절묘한 곳이었다. 말 머리를 돌려 왼쪽으로 달려가 비로소 도산에 이르렀다.

도산은 선생이 늘 기거하던 별장別莊으로, 계상溪上에서 5리쯤 떨어져 있다. 계상은 선생의 본댁이 있는 곳으로, 퇴계退溪라고 이르는 곳이다. 동쪽 상류에 산기슭 하나가 가로막아서 도산과 통하지 않으니 선생이 늘 산 뒤를 거쳐서 지팡

이를 짚고 왕래하였다고 한다.

산과 물이 구불구불 감싸 안고 돌다가 시냇물을 만나 하나의 골짜기가 펼쳐지는데, 산은 영지산靈芝山의 줄기이고 물은 황지黃池에서 발원하였다. 또 청량산에서 뻗어 온 산이 물길을 따라서 서쪽으로 달리다가 영지산의 한 줄기와 하류에서 합쳐서 좌우에서 마주 보고 절하고 있는 듯하니, 퇴계가 말한 동서의 두 취병산翠屛山이라고 하는 것이 이것이다. 골짜기는 작지만 가운데가 툭 트여서 마을이 들어설 만하니 "터가 넓고 지세가 뛰어나서 그 위치가 궁벽하지 않다."라고 한 「도산기陶山記」에서 증험할 수 있다. 선생이 손수 창건한 도산서당陶山書堂이 지금도 남아 있고 후인들이 서당의 뒤에 서원을 건립하여 퇴계를 높이 받들었다.

우리들이 말에서 내려 공손히 바깥문으로 들어가니, 서쪽에 동몽재童蒙齋가 서당과 마주하고 있었다. 동몽재는 어린 선비가 학문을 익히는 곳이라고 한다. 다시 진덕문進德門으로 들어가니 또한 좌우에 건물이 있는데, 동쪽은 박약재博約齋이고 서쪽은 홍의재弘毅齋이다. 가운데에 남쪽을 향하여 강당講堂을 두었는데 편액을 전교당典敎堂이라 하고, 전교당의 서쪽 방이 한존재閑存齋이다. 한존재는 서원 내에 반드시 장임長任을 두어서 제생諸生을 통솔하며 항상 거처하게 한 곳이고, 박약재와 홍의재는 서원의 원생이 머무는 곳이라고 하였다. 우리는 홍의재에 들어가 원생 금명구琴命耈를 만나서 서원의 규모, 지명, 풍속 등에 대해 설명을 들었다. 이어서 서원의 노복을 불러 사우祠宇의 바깥 정문을 열도록 하고 배알하는 절차를 상세히 물은 뒤에 감히 들어가니, 상덕사尙德祠라는 세 글자 편액이 높이 걸려 있었다. 또 남쪽 문을 열어 주어, 우리들이 뜰아래에서 엄숙히 참배하고 종종걸음으로 서쪽 계단을 통해 올라가 몸을 숙이고 문지방 밖에 차례로 서서 사당 내의 제도를 살펴보고자 하였는데, 왼쪽에 월천月川 조공趙公 조목趙穆을 배향하는 신위만 있을 뿐이었다. 다시 서쪽 담으로 통하는 작은 문을 열자 담 밖에 집 두 채가 있는데, 하나는 주고酒庫라고 하고 하나는 제기祭器를 보관해 놓는 곳이라고 하였다. 우리들이 종종걸음으로 나가서 홍의재에 이르자 홍의재 뒤에 또 방이 있는데, 사람들이 그곳을 가리켜 유사방有司房이라고 하였다.

잠시 있다가 금생琴生과 함께 도산서당으로 갔다. 이곳은 선생이 친히 지은 곳이어서 나무 한 그루, 돌 한 덩이도 사람들이 감히 옮기거나 바꾸지 못하였다. 때문에 낮은 담장과 그윽한 사립문, 작은 도랑과 네모난 연못이 소박한 옛 모습 그대로여서 마치 선생을 뵌 듯 우러러 사모하지 않는 이가 없다. 처음에는 숙연하여 마치 선생이 담소하는 소리를 들을 수 있을 것 같다가 나중에는 그리운 마음에 어루만지며 공경하게 된다. 백 년이 지난 후에도 사람들이 유적과 덕행에 대해 아직도 보고 감동하여 흥기하는데, 하물며 당시 직접 가르침을 받은 자야 더 말할 것이 있겠는가.

집은 세 칸인데, 동쪽은 마루이고 서쪽은 부엌이고 가운데는 방이다. 방은 완락재翫樂齋라 하고 마루는 암서헌巖栖軒이라 하며, 합하여 도산서당이라고 명명하였다. 마루의 동쪽에 또 작은방 하나를 붙여 마루와 통하도록 해서 대청을 만들고 나무를 쪼개 판板을 만들었는데 오늘날의 와상臥床 모양 같았다. 금명구가 말하기를 "선생 당시에는 이것이 없었는데 한강 정구가 선생의 뜻을 받들어 나중에 만든 것입니다." 하였다. 못은 정우당淨友塘이라 하는데 작은 샘의 물을 끌어다가 대었다. 문은 유정문幽貞門이라 하는데 싸리나무를 엮어서 만든 것으로 퇴계 당시의 모습을 그대로 유지해 놓았다. 뜰 왼쪽부터 산기슭에 이르기까지 소나무가 숲을 이루었는데 밑동이 모두 한 아름 정도 되었다. 물어보니, 선생이 손수 기른 것이라고 하였다. 선생이 돌아가신 지 벌써 140년이나 되었는데 나무만은 여전히 무성하게 남아 있으니, 사람들이 그 나무에 흙을 북돋아 주고 감당甘棠*에 견주는 것이 또한 당연하지 않은가.

* 감당甘棠 : 주周나라 소공召公이 감당나무 아래에서 선정을 베풀자 백성들이 감격하여 그를 추모한 나머지 감당나무를 소중히 가꾸며 보존하였다고 한다.

방 안을 구경해 보니 서쪽과 북쪽 벽에 모두 장이 있는데, 각각 2층으로 된 장에는 모두 유물遺物이 보관되어 있었다. 천문을 관측하던 기구인 선기옥형璿璣玉衡 하나, 책상과 등잔대와 투호投壺 각각 하나, 화분대와 타구唾具 각각 하나, 벼룻집 하나였다. 사람들이 벼루는 도둑을 맞아서 지금은 없다고 말해 주었다. 그 벼루는 한 조각 돌덩어리일 뿐이다. 이곳에 있으면 값을 칠 수 없을 만큼 귀중하지만 다른 사람에게 있으면 다른 돌덩이와 같을 뿐인데, 저 훔쳐 간 자는 도대체 무슨 마음이었던가. 참으로 안타깝다. 또 청려장靑藜杖 한 자루는 상자를 만들어 간직해 놓았는데 조금도 파손되지 않았고 품질도 보기 드문 것이었다. 한 마디마다 두세 개의 옹이가 있어 학鶴의 무릎 같았고, 두드리면 쨍쨍 울리면서 맑은 소리가 나서 보배로 여길 만하였다.

동쪽으로 문을 내서 들어 올리면 마루와 통할 수 있고, 남쪽으로 작은 창문을 내고 창 안쪽에 시렁을 가로놓아서 시렁 위에 이부자리를 올려놓았다. 금생이 말하기를 "이 방은 선생의 손때가 남아 있기 때문에 누추하고 낡아도 감히 수리하지 못하고 그대로 두었습니다." 하였다. 벽면에 선생의 차기箚記와 필적이 정연하게 있었는데, 근래 원장院長 아무개가 유택遺宅을 수선하는 일로 관찰사에게 아뢰고, 관찰사도 필요한 물자를 아끼지 않고 주어 벽을 모두 새로 도배해 버리는 바람에 이제는 남아 있는 것이 한 글자도 없다. 이에 사림이 논의하여 서원 명부에서 원장의 이름을 삭제하였는데, 지금까지도 조롱하며 한탄하고 있다.

아, 선생의 말씀과 행동 하나하나가 후세의 모범이 되지 않는 것이 없어서 상서로운 구름과 해같이 사모하고 태산북두泰山北斗처럼 우러러본다. 선생이 거처한 곳과 사용한 물건이 지금까지도 없어지지 않고 남아 있으니, 누군들 아끼고 진기한 보배로 여기지 않겠는가. 그러므로 비록 자질구레하고 보잘것없는 것이라 하더라도 모두 마음에 새기고 삼가 기록하였다. 이는 옛것을 사모하는 버릇에서 나온 것이니, 보는 사람이 이해하기 바란다.

다시 홍의재로 와서 금생과 함께 잠을 잤다. 노복이 방명록을 내와서 우리들이 성명과 자, 본관, 날짜를 줄지어 썼으니, 전례대로 한 것이다. 이튿날 아침 출발하기 전에 동쪽 기슭으로 100보쯤 걸어 천연대天淵臺로 올라갔다. 서쪽 기슭의 천운대天雲臺와 마주하여 우뚝 서 있었는데 물길이 도도하게 흘러 앞을 지나가고 시야가 탁 트여 원근을 막힘없이 전부 바라볼 수 있었다. 바위 위에 새긴 '천연대' 세 글자는 월천이 선생의 뜻에 따라 만든 것이다. 다시 천운대를 따라 내려와 저녁에 영천군榮川郡으로 가서 구학정龜鶴亭을 구경하고 돌아왔다.

청량산을 출발한 성호 일행은 퇴계의 다섯째 형인 이해의 종택이 있는 온계 마을과 퇴계의 부친인 이식, 숙부 이우, 그리고 형 이해를 모신 청계서원淸溪書院을 지나 농암 이현보가 거처하던 애일당에 들렀다가 도산서원에 도착하였다. 이현보는 퇴계가 존경한 선배 학자로 그의 세 아들은 퇴계의 벗이자 제자였다. 서원 문을 들어서서 원생들의 숙소인 박약재와 홍의재, 강의실인 전교당을 지나 금명구의 안내로 서원 뒤편에 있는 퇴계의 사당 상덕사로 올라가서 참배하였다. 그리고 다시 내려와 퇴계가 강학하던 도산서당을 찾았다. 도산서당은 퇴계가 직접 설계하고 승려인 법련法蓮과 이현보의 아들 이문량李文樑의 도움을 받아 지은 곳으로 서원의 다른 건물과 달리 소박한 모습을 그대로 간직하고 있었다. 왼편 담장 너머로는 퇴계가 손수 기른 소나무가 숲을 이루고 있고 방 안에는 퇴계가 사용하던 유품들이 많이 보존되어 있어 더욱 퇴계를 존경하는 마음을 불러일으켰다.

도산서원을 방문한 후 성호는 권상일權相一을 비롯한 영남의 학자들과 교유하였다. 또 그때의 기억을 평생토록 잊지 않아 25년이 지난 1734년에 홍상조洪相朝에게 보내는 편지에서 "저는 예전 어렸을 때에 도산서원과 청량산에 잠깐 들른 적이 있는데 꿈에도 선한 맑은 향기는 지금까지 잊히지 않습니다. 우리나라 사람이라면 누구나 이곳에 귀의하고 싶어 할 것입니다."라고 술회하기도 하였다.

성호는 퇴계와의 인연을 자주 강조하였다. 퇴계가 태어난 1501년과 성호가 태어난 1681년은 똑같은 신유년 닭띠 해이고, 두 분 다 2세 되던

해 6월에 부친을 여의었으며, 아들 또한 먼저 떠나보내는 슬픔을 겪었다는 것이다. 남들은 이를 우연이라 여길지 모르겠으나 성호에게는 이마저도 자신이 퇴계의 계승자라는 자부심으로 작용하였다. 그러한 까닭에 도산서원과는 천 리 멀리 떨어져 있음에도 불구하고 퇴계의 문집과 문인록의 편찬에 관여하였으며, 퇴계의 중요한 말씀을 모은 『이자수어』와 퇴계의 예설을 정리한 『이선생예설유편』을 직접 편집하기도 하였다.

미수 선생의 서첩 발문
跋眉叟先生篆隸三帖

미수眉叟 선생은 매사에 옛것을 좋아하여 사소한 편지나 만필漫筆이라도 과두문자蝌蚪文字의 획으로 예서隸書를 썼다. 벌레 주둥이, 새 발톱 모양의 글씨가 완연히 자연 그대로의 모습이어서 참으로 기이하다. 나의 벗 최용여崔用汝는 옛것을 좋아하는 사람이다. 선생의 글씨를 모아 서첩으로 만들어서 간간이 나에게 보여 주기에 그에게 이렇게 말하였다.

"이것은 단지 선생의 지엽적인 부분이다. 내가 선생의 유집遺集을 읽어 보았는데, 조정에 나가서 임금을 섬길 때는 반드시 경전에서 의리를 끌어내어 요순堯舜의 도가 아니면 진언하지 않았으며, 물러나 집에서 지낼 때는 주공周公과 공자孔子의 도를 좋아하여 한 가지 선善을 행하는 정도로 이름나려고 하지 않았으니, 이것이 선생의 본모습이다. 원컨대 그대는 근원으로 거슬러 올라가 선생의 자취가 아닌 그 마음을 구하고 이러한 기호품이 아닌 경전을 존중하고 자신을 단속한 법도를 찾아낸다면 어찌 아름다운 일이 아니겠는가. 그러면 나도 장차 그대와 함께 힘써 보겠다."

미수 선생의 전서체篆書體는 사방에 널리 퍼져 집집마다 병풍으로 만들어 보관하였는데, 재상宰相 아무개가 조정에 아뢰어 그 글씨체를 금지하였다. 선생이 이 소식을 듣고 시를 지었다.

아침 해가 동산에 솟아오르니 朝日上東嶺
구름 사이 붉은 노을 창가에 서렸네 雲霞生戶牖
산 밖의 일이야 알 까닭 없고 不知山外事
갈필에 먹을 찍어 과두를 쓴다네 墨葛寫蝌蚪

사람들이 모두 이 시를 입에서 입으로 전하였다. 선생이 삼척 부사三陟府使로 나가 동해비東海碑를 세웠는데 문장이 예스럽고 글자체가 기이하여 귀신까지도 조종할 정도였다. 선생을 좋아하지 않는 자들이 이마저도 부수어 버려 나중에 다시 새겨 놓았는데, 내가 그 탁본을 얻어다가 마주하니, 그때마다 경건한 마음이 들곤 하였다. 아, 저들 몇몇은 도대체 무슨 마음으로 그런 짓을 하였단 말인가. 이번에 이 서첩을 보고 느낀 바가 있어 기록해 두는 바이다. 후략

1735년에 미수 허목1595~1682의 글씨를 모아 만든 서첩을 보고 그 소감을 쓴 글이다. 허목은 퇴계와 성호의 학문을 연결하는 역할을

한 인물이다. 퇴계의 학문을 계승한 학파를 지역별로 구분하면 크게 영남 남인과 근기 남인으로 나뉜다. 여기에서 근기 남인이란 서울과 경기 지역에서 활동한 남인을 일컫는다. 성호가 2세 때에 허목이 세상을 떠났으니 두 사람 사이의 직접적인 교유 관계는 있을 수 없다. 하지만 근기 남인의 학통을 말할 때는 일반적으로 퇴계 이황, 한강 정구, 미수 허목, 성호 이익으로 이어진다고 말한다. 왜 그럴까?

허목은 23세 때 거창 군수로 부임하는 부친을 따라 경상도로 내려가게 되었는데, 이 시기에 인근 성주 지방에서 후진을 양성하고 있던 한강 정구를 찾아가 제자가 되었다. 정구는 유성룡柳成龍, 김성일金誠一과 함께 퇴계 문하의 대표적 인물이다. 1674년 현종 15 에 갑인예송甲寅禮訟으로 남인이 집권하자 허목은 85세의 나이로 우의정에까지 오른다. 당시 허목의 최측근에서 정치적 보좌를 한 인물이 바로 성호의 부친 이하진이다. 이하진은 대사헌으로 재직할 때 허목을 두둔하는 상소를 올렸다가 숙종의 진노를 사 진주 목사로 좌천되기도 하였고, 격심한 당쟁에 휘말려 운산에 유배되어 허목과 같은 해에 유배지에서 사망하는 비운을 겪기도 하였다. 허목과 이하진의 이러한 관계 속에서 퇴계의 학통을 전수받은 허목의 학문이 자연스레 이하진과 그의 아들들에게 영향을 주었을 것이다. 친구가 들고 온 허목의 글씨를 보자 이에 대한 소감보다 먼저 그의 도학자적 면모를 높이 칭송한 것은 이 때문이다.

이 글에서 보듯이 허목은 학문뿐만 아니라 서예에도 뛰어났다. 특히

전서와 예서를 잘 썼다. 그 대표적인 것이 강원도 삼척의 바닷가에 세운 동해비東海碑인데, 삼척의 옛 이름인 척주陟州를 앞에 붙여 척주동해비陟州東海碑라고도 부른다. 이 비석은 기해예송己亥禮訟에서 서인의 주장이 받아들여진 이후 허목이 삼척 부사로 나갔을 때 육지로 넘쳐 드는 거친 파도를 잠재우기 위해 동해를 예찬하는 글을 지어서 새긴 것으로, 1661년 현종 2에 세웠다. 하지만 서인과 남인 사이의 치열한 당쟁 속에서 그의 글씨체뿐만 아니라 이 동해비까지 탄압받아 파괴되는 일이 발생하였다. 성호는 그 비석을 탁본한 서첩을 가지고 있었던 것이다. 성호의 집안 역시 대대로 서예에 뛰어나 부친 이하진과 셋째 형 옥동 이서는 당대의 명필로 유명하였다.

반계 유 선생전
磻溪柳先生傳

반계磻溪 유형원柳馨遠 선생의 자는 덕부德夫이며 본관은 문화文化로 우의정 유관柳寬의 후손이다. 타고난 체구가 장대하고 훤칠하였으며 눈은 샛별처럼 빛났다. 5세에 산수를 깨쳤고 기억력이 매우 좋아서 몇 번 읽은 글도 평생 잊지 않았다. 전라 감사를 지낸 외삼촌 이원진李元鎭은 사람들이 태호太湖 선생이라고 부르는 분으로 박학다식하였다. 선생이 태호 선생에게 배웠는데, 15세가 되기 전에 이미 큰 그릇이 될 것이라고 일컬어졌다.

조금 자라서 백가百家의 글을 두루 섭렵하였는데 자신을 수양하는 학문에 더욱 마음을 기울였다. 마침내 "선비가 도에 뜻을 두고도 제대로 수립하지 못하는 것은 마음이 기운을 거느리지 못하기 때문이다. 군자가 몸을 신칙할 요점이 네 가지인데, 나는 한 가지도 제대로 못하고 있다. 일찍 일어나고 늦게 자는 것을 못하고, 의관을 바로 하고 시선을 정중히 갖는 것을 못하고, 어버이를 섬김에 부드러운 안색을 갖는 것을 못하고, 집식구와 서로 공경하며 대하는 것을 못한다. 네 가지를 밖에서 나태하게 하면 마음이 안에서 황폐해지니 맹렬히 반성하고 반드시 힘써야 하는 것이 여기에 있지 않겠는가."라고 탄식하고는 잠箴을 지어 스스로 경계하였다. 이로부터 일상생활의 말과 행동에서도 이를 법으로 삼아 지키며 어기지 않았다.

더 자라서는 큰 뜻과 높은 기개를 품고 날마다 도잠陶潛의 시를 읊으며 다른 시대에 태어나 서로 만나지 못한 것을 한스러워하였다. 마침내 남쪽으로 내려가서 부안扶安의 변산邊山 아래에 거처를 정하였다. 두어 칸 되는 작은 초막을 지어 만 권의 장서를 마련하고는 글 뜻을 궁구하며 깊이 생각하느라 침식을 잊기에 이르렀다. 항상 옛사람에게 일보 미치지 못하는 것을 큰 수치로 여겼다.

일찍이 한가히 지낼 때 깊이 생각하여 천하의 일을 자신의 책임으로 여기고, 세상의 학자들이 시무時務를 알지 못하고 한갓 글을 외고 글자나 구절을 해석하는 것만을 숭상하여 말하는 것이 모두 구차하기만 할 뿐이어서 집에서나 나라에서나 일을 당하면 제대로 처리하지 못하여 결국 큰소리만 치고 실질이 없어 백성들이 그 화를 입는 것을 병통으로 여겼다. 이에 선왕의 법을 가져다가 연혁沿革을 상고하고 나라의 제도를 참고하여 책 한 권을 지었다. 규모는 광대하고 절목은 상세하며 사람들의 마음을 헤아려 검증해 보고 하늘의 이치에 맞는지 따져 보아서 문장의 맥락이 서로 이어지고 내용이 통하였다.

이를 '수록隨錄'이라 명명하였으니, 요컨대 오늘날 행할 만한 것이다.

어떤 이가 대체에는 힘쓰지 않고 자잘한 일을 추구하였다고 의심하니, 선생이 이렇게 말하였다.

"천하의 이치는 사물이 아니면 드러나지 않고, 성인의 도는 일이 아니면 행해지지 않는다. 옛날에는 교화가 밝혀지고 덕화가 행해져서 큰 원칙과 법부터 미미한 한 가지 일까지 제도와 규모가 다 갖추어지지 않은 것이 없었다. 그래서 천하 사람이 날마다 쓰고 마음에 익숙한 것이 마치 물을 운반하고 땔나무를 운송할 때 모두 알맞은 기구가 있어서 그 일을 행하는 것과 같았다. 주나라가 쇠퇴하여 왕도는 행해지지 않았으나 제도와 법은 여전히 남아 있었다. 그리하여 성인이 낮은 지위에 있으면서, 정치를 하는 근원을 대강 말하고 그 제도에 대해서 자세히 설명할 필요는 없었다. 포학한 진秦나라 이후로 큰 원칙과 자세한 제도를 모두 없앴기 때문에 성인의 뜻을 더 이상 연구하여 알아낼 수 없게 되었다. 이에 사람들이 욕심대로 행하고 여러 설이 도를 어지럽혀서 마침내 보고 듣는 것 때문에 견해가 고착되어, 비록 훌륭한 재주와 지혜를 지닌 옛것에 해박한 자라도 제도와 법의 상세한 내용을 얻을 길이 없었다. 그러므로 간혹 그 대체를 알고 있어도 계통을 분명히 알지 못하여 시행하려고 하면 문득 어긋나고 틈이 생기는 일이 많아서 마침내 행할 수 없게 되었다. 천하의 이치는 근본과 말단, 크고 작은 일이 처음부터 서로 떨어져 있지 않다. 그래서 한 치가 정확하지 않으면 자가 자 구실을 못하고 저울 눈금이 합당하지 않으면 저울이 저울 노릇을 할 수 없으니, 그 물눈이 제대로 뚫려 있지 않은데 벼리가 벼리 구실을 하는 경우는 있지 않다. 실제로 행할 수 없게 되면 소인이 훼방을 놓을 뿐만 아니라 군자 또한 예와 지금의 세상이 서로 다르다고 의심하며 옛 도가 다시는 세상에 행해지지 못하게 될 것처럼 생각하니, 이것이 어찌 작은 문제이겠는가. 내가 이것을 두려워하여 옛것을 연구하고 지금의 일을 헤아려 작은 것과 큰 것을 아울러 포괄하여 이 도가 반드시 행할 수 있음을 밝힌 것이다. 아, 한갓 법만으로는 저절로 행해지지 못하니, 진실로 뜻이 있는 자가 생각하고 시험한다면 또한 반드시 이를 알 수 있을 것이다."

우리 현종 계축년1673 현종 14에 선생이 세상을 떠나니 52세였다. 저술은 『수록隨錄』 13권이 있고, 『이기총론理氣總論』 1권, 『논학물리論學物理』 2권, 『경설經說』 1권, 『시문詩文』 1권, 『잡저雜著』 1권, 『문답서問答書』 1권, 『속강목의보續綱目疑補』 1권, 『군현제郡縣制』 1권, 『동사조례東史條例』 1권, 『정음지남正音指南』 1권, 『기행일록紀行日錄』 1권이 있다. 편차한 것은 『주자찬요朱子纂要』 15권, 『동국문東國文』 11권, 『기효절요 紀效節要』 1권, 『서설 書說』·『서법 書法』 각 1권, 『둔옹고 遁翁稿』 3권, 『여지지 輿地志』 13권이 있다. 기타 병모 兵謀, 사법 師法, 음양 陰陽, 율려 律呂, 성문 星文, 지리, 의약, 복서 卜筮, 주수 籌數, 역어 譯語 같은 분야에도 널리 통하지 않은 것이 없어 첨삭한 바가 많은데, 미처 모두 완성하지 못했다고 한다. 뒤에 사림들이 의견을 모아 서원을 짓고 계속 제사를 모시고 있다. 찬 贊 은 다음과 같다.

선생의 학문은	先生之學
태호에게 근원하니	源於太湖
태호의 박학을 전수받아	太湖授之以博
세상사에 널리 적용했네	先生濟之以世務
근거를 갖추어 정리하여	據始要終
이치에 맞고 실제에도 부합하니	協義而協
만일 선생을 등용했다면	如有用我
그대로 시행했을 것이다	將擧以措之
조선이 개국한 이래	蓋國初以來
세상을 경영할 인재로	論經世之才
누구나 선생을 제일로 받든다네	皆以先生稱首

전傳은 한 사람의 일생 동안 행적을 기록한 글이다. 『성호전집』에는 9편의 전이 수록되어 있는데, 가상의 인물에 대한 「동방일사전東方一士傳」을 제외한 8편은 모두 학문과 덕행이 있지만 벼슬하지 않고 은거한 사람들에 대한 것이다.

반계 유형원1622~1673 도 그러한 사람 중의 하나로, 1653년 가족을 이끌고 부안의 우반동愚磻洞으로 내려가 학문에만 전념하여 『반계수록』, 『동국여지지 東國輿地志』 등 많은 저술을 남겼다.

성호의 경세론經世論은 율곡栗谷 이이李珥 1536~1584 와 유형원에게 큰 영향을 받았다. 이이와 유형원의 견해에 일치하는 부분이 많으며 유형원의 견해가 폐단의 핵심을 지적하였다고 성호는 평가하고, 당대에 시행되지는 못하였지만 후대에는 반드시 본받는 자가 있을 것이라며 '영원한 스승'이라고 일컬었다. 또한 유형원의 모친은 성호의 종조부 이지완의 딸로 성호에게는 당고모이고, 외삼촌이자 스승인 이원진1594~1665 은 성호의 당숙이니, 학문뿐만 아니라 인척 관계로도 연결되어 있었다. 1753년에는 유형원의 증손인 유발柳發이 성호를 방문하였고, 1758년에는 유발에게 보낸 답장에서 『반계수록』의 간행 소식을 듣고 매우 기뻐하면서 『군현제 郡縣制』도 반드시 간행되어야 한다는 의견을 피력하고 있다.

성호의 편지 내용과 달리 『반계수록』은 1770년 유형원 사후 거의 100년 만에 비로소 간행되었다. 그러나 그 전에도 많은 학자들이 필사하여 보고서 당대의 폐단을 개혁하는 데 알맞은 논의로 평가하고,

조정에 그의 개혁안을 소개하며 『반계수록』을 간행하거나 경연에서 읽도록 건의하기도 하였다.

조선 후기에는 직접 군역軍役에 나가는 대신 포布를 납부하는 형태로 군역이 변화하여 양민의 부담이 가중되었는데, 영조 대에는 이를 개혁하기 위한 여러 방안을 모색하는 과정에서 유형원의 개혁론도 영조에게 알려졌다. 양민에게 거두는 군포의 양을 줄이고 부족한 재원을 확보하기 위한 방편의 하나로 군현의 경계를 바로잡고 군현을 통합하여 경비를 줄이자는 의견도 개진되었으나 균역법均役法으로 완성된 개혁안에 군현을 통합하는 방안은 포함되지 않았다. 군현을 통합하고 경계를 바로잡아 백성의 고충을 덜어 주자는 것은 『군현제』의 핵심 내용인데, 광주廣州에 속하지만 안산과 더 가까운 곳에 살던 성호가 겪고 있는 현실이기도 하였다.

"저희 집은 지금 광주의 관할 구역 안에 있으나 관청이 있는 곳과는 100리나 멀리 떨어져 있어서 그 사이가 마치 처마밑에 자루를 매달아 놓은 것처럼 끊어질듯 말듯 겨우 이어져 있습니다. 반면에 바로 가까이에 4, 5개의 고을이 있고 가깝게는 10리 정도밖에 떨어져 있지 않은 고을의 관청도 있습니다. 그러다 보니 환곡과 군액軍額 등의 폐단이 손꼽을 수 없을 정도로 많아 백성들이 사방으로 뿔뿔이 흩어지고 그 피해가 날이 갈수록 심해지고 있습니다. 저희 집도 불안 속에서 일단 머물러 살고 있기는 하지만 극심한 가난으로 이사할 힘이 없어서 그런 것이지 조만간 떠날 것입니다."

성호가 유발에게 보낸 편지의 한 부분이다. 성호가 유형원의 학문을 계승하고 그를 스승으로 여긴 단서를 여기에서도 찾을 수 있다.

성호는 「반계유선생유집 서문磻溪柳先生遺集序」과 「반계수록 서문磻溪隨錄序」도 지었는데, 지은 시기와 동기를 밝히지 않아 간행을 앞두고 부탁을 받아 지은 것인지는 분명하지 않다.

『반계수록』은 1770년 영조 46 영조의 명으로 경상 감영에서 간행되었는데, 1권에는 그해에 경상 감사 이미李瀰가 지은 서문과 1737년에 제자 오광운吳光運이 지은 서문이, 부록에는 홍계희洪啓禧가 영조의 명을 받들어 지은 전傳과 오광운이 지은 행장이 수록되어 있다.

식산 이 처사를 전송하며

送息山李處士序

내가 젊어서 학문을 하지 못하여 세상의 이치를 잘 모르고 살았다. 비록 선배들이 경고하여 이끌어 주었지만 혹한에 한 점 볕을 쬐는 것과 같아서 별반 영향을 받지 못하여 결국 깨치지 못하였다. 얼마 뒤에 후회했을 때는 이미 총명이 줄어들고 스승과 벗들도 멀어졌다. 어리석음에 빠져서 분명한 견해를 가진 사람과 멀리 떨어져 도움받을 곳이 없게 되니, 오직 홀로 들어앉아 생각에 골몰할 뿐이었다.

내가 옛날 어린아이 때에 이 선생李先生에게 가서 배웠는데, 중간에 왕래가 점점 뜸해져서 20년이 지났다. 그러나 배우도록 해 주고 대번에 끊지 않으신 것을 나는 아직도 기억하고 있다. 그러므로 고마운 마음을 간직한 채 영원히 잊지 못한다. 내가 올해 8월에 동쪽으로 원주原州에 가서 선영先塋에 성묘한 다음 돌아오려다가 선생이 마침 영남에서 오셨다는 소식을 듣고 속히 스승에 대한 예를 갖추어 찾아갔다. 자리를 함께하여 한참 대화를 나누며 학문하는 방도에 대해 많이 배웠다. 나는 평생에 한번 얻을 큰 행운이라고 생각하였고 선생께서도 만족해하며 칭찬하셨으니, 마치 북을 치면 반드시 울리듯 뜻이 서로 통하였다.

마침내 나를 불러 말하기를 "내가 지금 동지들과 동쪽으로 금강산을 유람하고 아홉 고을을 둘러보고 뜻을 다 이룬 다음 파하기로 약속했는데, 그대는 좋은 글로 나를 전송해 주지 않겠는가." 하였다. 이에 "저는 지금 마음 쓰는 일 없이 자신만 보존하고 있으니 행여 어르신이 분부를 내리신다면 감히 따르지 않겠습니까." 하였다. 하직 인사를 할 때 또 말하기를 "내가 장차 그대를 서강西江가에서 기다리고자 하는데 그대는 와 주겠는가?" 하여, 내가 공손히 수락하였다.

삼가 생각하기에, 선생이 산수를 유람하는 것은 막연하게 다니는 것이 분명 아닐 것이다. 좋아하는 산수가 있으면 마치 길 떠났던 자가 집에 돌아가면 반드시 좋은 일이 있으리라 생각하여 곧장 달려가는 것처럼 바로 흔쾌한 마음으로 떠났다. 그러므로 눈으로 보는 것이 기쁘면 마음에 얻어지고 마음에 얻어지면 몸에 받아들이고 몸에 받아들이면 말로 나타나고 행동으로 옮겨지니 순일하지 않은 것이 없다. 그렇다면 그 성과가 어찌 다만 선생 자신만 빛나게 할 뿐이겠는가. 후배들에게 감동을 주되, 실천으로 옮겨진 언행이 뚜렷하여 본보기가 되니, 안색을 보거나 음성을 듣거나 모두 지극한 가르침 아닌 것이 없었다.

저 금강산은 내가 가 본 곳이다. 당시 식견이 고루하고 학식이 얕아서, 보고 기억하는 것이라고는 우뚝 솟은 곳은 봉우리이고 비스듬한 곳은 고개이고 파인 곳은 골짜기이고 물이 고인 곳은 못이고 급히 쏟아지는 곳은 폭포라는 것에 불과하였다. 이는 형체만 본 것이고 이치는 얻지 못한 것이다. 그러므로 종일 다녀도 여전히 떠나기 전의 나와 마찬가지이다. 비유하자면 시골 선비가 우연히 궁궐을 관광하게 되어 처음으로 마루와 복도의 아름다움, 집기들의 다채로움, 음식의 성대함을 보고는 어리둥절해서 뭐가 뭔지 모르는 것과 같다. 반드시 안내해 주는 이가 앞장서서 "여기는 기거하는 곳이고 이것은 생활용품이고 이것은 먹고 마시는 것이다."라고 말해 주어야 비로소 제도와 등급을 분별하게 되어, 현능하고 지혜로운 이가 민생에 보탬을 준 것이 적지 않음을 알게 되는 것이다. 그렇지 않다면 더욱 어리둥절하기만 할 뿐이니, 무슨 이익이 있겠는가.

무릇 내가 산수를 유람할 때는 선생이 관람한 곳을 가 보지 않은 적이 없다. 다만 혼미한 자를 깨우쳐 주는 정문일침頂門一鍼을 한번 받지 못했으니, 어찌 몹시 애석한 일이 아니겠는가. 이런 내용을 기록하는 것은 다만 선생이 산을 내려올 날을 기다렸다가 공경히 문하에 나아가 학업을 받고 물러나서 공명선公明宣이 증자曾子의 문하에 머물면서 증자의 처신을 배우려 했던 것에 스스로 힘쓰고자 함이니, 이것이 나의 소원이다.

금강산을 향해 떠나는 식산 이만부를 전송하는 글이다. 성호는 이미 금강산에 다녀왔지만 식견이 고루하고 학식이 얕아서 형체만 보고 이치는 얻지 못하였다고 하면서, 스승을 통해 가르침을 받을 수 있기를 기대하였고, 이만부 역시 돌아오면 서강에서 만나자고 제안하였다.

어렸을 때는 항상 뵙고 가르침을 받아야 하는 존재가 스승이지만, 일정한 수준이 되고 나면 '정문일침'만으로도 충분한 경우가 있다. 성호가 스승에게 기대했던 것도 바로 이러한 깨우침이었을 것이고, 이만부에 대한 만사에서 "내 옛날 제자 되어 그 규범을 배웠으나"라고 말한 것처럼 지식이 아닌 규범과 지혜를 배웠을 것이다. 그리고 성호와 이만부는 약속한 대로 서강에서 다시 만났다. 아마도 학문에 대한 깊은 토론이 이루어졌을 것이다.

이만부는 성호가 스승으로 모신 거의 유일한 인물로, 성호 집안과는 아버지 대부터 이어지는 교분이 있었다. 성호에 대한 「가장家狀」과 「행장行狀」에서는 성호가 어려서 몸이 약해 스승에게 나아가 배우지 못했고, 조금 자라서는 둘째 형 이잠을 비롯한 집안 형님들에게 배웠다고 전하고 있다. 성호가 병치레가 잦았던 탓도 있었겠지만, 성호가 배운 집안 형님들은 20세 정도 연장자였고 모두 학문으로 일가를 이룬 이들이었으니, 굳이 외부의 스승을 모시지 않아도 되었을 것이다. 제목에 '이 처사李處士'라고 지칭한 것에서 알 수 있듯이 이만부는 평생 벼슬하지 않고 한양의 서호西湖에서 살다가 상주尙州 노곡魯谷의 식산息山, 문경聞慶의 화음산華陰山 아래에서 은거하며 학문을 닦고 후학을 가르쳤다. 이만부는 50대 초반인 1715년숙종 41 이후 청량산, 지리산, 금강산, 덕유산, 속리산 등 명산을 두루 유람하고 산천의 지세와 풍속 등을 기록한 「지행록地行錄」을 남겼다. 성호는 원주 선영에 성묘하러 간 여행에서 금강산을 유람하러 가는 이만부와 만나 이 서문을 지었다. 이만부의 문집인 『식산집』에는 성호와 만나 문답한 글인 「학성문답鶴城問答」이 있는데, 학성은 강원도 안변安邊의 다른 이름이므로, 성호와 식산은 안변에서 만난 듯하다. 성호는 1717년과 1725년영조 1 두 차례 원주에 다녀온 것으로 보이는데, 아마도 이만부를 만난 것도 이 즈음이었을 것이다.

벗 정상기의 『향거요람』에 쓴 글
鄕居要覽序

옛날 제齊나라 관중管仲이 "농부의 자식은 항상 농부가 되는데, 빼어난 농부들 가운데 사士가 된 자는 반드시 믿을 만하다."라고 하였다. 농부는 머리에는 대나무 삿갓을 쓰고 몸에는 거친 베옷을 걸친 채 사지의 힘을 다하여 밭에서 일을 한다. 이렇게 해야 농사를 지을 수 있기에 다른 일에는 신경 쓸 겨를이 없다. 중략 대개 사는 농부 가운데서 나오니, 본래 장인과 상인에 비할 바가 아니다. 그리고 당대에 뜻을 펴지 못한 사람이 농사로 돌아가 이를 바탕으로 부모를 봉양하고 자식을 양육하므로 그들의 지식이 또한 뒷사람을 이끌고 가르치기에 충분한 것이다.

나에게 정여일鄭汝逸이라는 벗이 있는데, 순박하면서 학식이 높다. 항상 나와 예禮의 근본에 대해 논할 때면 글자나 구절에 얽매이지 않으면서도 의義에 맞았으니, 이것이 내가 존경하는 벗으로 여기는 까닭이다. 내가 성호星湖의 농장에서 직접 밭을 갈며 살고 있을 적에 정여일도 적성積城의 산속에서 농사를 지으며 살고 있었다. 그가 밤낮으로 도모한 일은 농사에서 벗어나지 않았는데, 옛것을 참고하고 지금 것을 기준으로 삼으면서 조금 증보하여 『향거요람鄕居要覽』 몇 권을 지었다. 그러고는 나에게 부쳐 보여 주었으니, 나에게 그 일을 함께하자는 뜻이었다.

나는 본래 여일이 예를 행함에 시기를 중요하게 생각한다는 것을 안다. 시기가 어떠한지에 따라 일의 자취는 달라진다. 그러므로 버려지면 물러나 숨어서 자신의 분수에 맞는 일을 하는 것이다. 종들은 가래와 호미를 잡고 자식들은 밭두렁을 따라가며 김매고 북돋아 이삭이 늘어지고 곡식이 영글면 이로써 자신의 집안을 보존하니, 이것이 바로 일반 백성의 의리이다. 그러나 일을 할 때에는 부지런하기만 해서는 안 되고, 적절한 방법도 필요하다.

지금 여기 싹이 하나 있다고 하자. 잘 기르면 살고 해를 끼치면 바로 말라 죽는다면, 재배에 능한 것과 능하지 못한 것이 여기서 판가름 난다. 능하다는 것은 무엇인가? 재배의 방법을 두고 말하는 것이다. 세상에는 능하지 못한 자도 많다. 이것이 바로 『향거요람』을 짓지 않을 수 없는 이유이다. 옛날 농사일을 잘 아는 성인聖人이 있었으니, 신농씨神農氏이다. 그는 사람들에게 농기구를 만들어 주어 이롭게 해 주었고, 그런 뒤에 시장을 개설하여 있고 없는 것을 유통하게 하였으며, 의약을 만들어 요절하는 데서 구해 주었다. 그런데도 신농씨라고 부르는 것은 농사를 중요시하였기 때문이다.

후대에 신농씨의 학설을 연구하는 자가 본래 적지 않아서, 한 가지를 터득하기도 하고 두 가지를 터득하기도 하여 각자 학설을 이루었지만, 산만하여 두서가 없었다. 지금 분야를 나누고 종류별로 모아서 자신의 의견을 섞어 일가一家의 학설을 완성한 사람이 바로 여일이다. 농사짓는 시기는 계절에 맞게 하고 작물의 종류는 토질을 잘 살펴서 채소 재배, 과일 재배, 양잠, 목축, 음식, 의약에 적용하였다. 일상생활에 유익한 모든 것에 대해 갖추어 기술하지 않은 것이 없으니, 신농씨가 남긴 방법 가운데 많은 부분을 밝혀 놓았다.

여일은 몸으로 실천하고 마음으로 익혔으며, 또한 그것을 반드시 기록하여 전하였다. 그의 생각은 '100근의 무게를 들 수 있다면 힘이 센 사람이지만, 만약 10근밖에 들 수 없다면 힘이 없는 사람이다. 그러나 열 사람의 힘을 합하여 100근을 움직인다면, 100근을 들 수 있는 한 사람과 무슨 차이가 있겠는가. 농사도 그러하다. 내가 지금 노력하여 터득한 것은 힘이 없는 사람 예닐곱 명의 힘을 합친 것과 같다. 만약 나의 이러한 작업을 이어서 한다면 이루지 못할 것이 없을 것이다. 한 뙈기의 밭에서 나는 곡식의 양이 늘어나면 한 사람이 배불리 먹을 수 있지만, 한 사람이 농사짓는 방법을 밝히면 한 집안의 삶이 즐거워진다. 이것은 내가 가진 얼마간의 방법으로 백성에게 혜택을 주는 것이다.'라는 것이다.

아, 이것은 군자가 널리 베푸는 인仁이니, 오늘 이후로 가장 먼저 혜택을 받는 사람은 나이다. 어떻게 간행하고 전파하여 백성들과 공유해야 그가 기울인 노력이 영구히 사라지지 않게 할 수 있을까? 이것은 농사 정책을 담당하는 관리에게 달려 있으니, 식견이 있는 자는 장차 그에게 책임을 맡길 것이다.

정상기鄭尙驥 1678~1752가 지은 농서인 『향거요람』의 서문이다. 여일汝逸은 정상기의 자이고 농포자農圃子는 호이다. 1736년 영조 12에 성호가 정상기에게 보낸 답장에서 "보내 주신 『향거요람』은 대략 그 규모를 살펴보니, 농사지어서 먹고사는 데 진실로 없어서는 안 될 책입니다. 그러니 어찌 목판木版에 새겨 여러 선비들과 함께 공유하지 않을 수가 있겠습니까. 서문을 써 달라는 부탁은 진실로 제가 적임자가 아니며, 오히려 훌륭한 책 덕분에 제 보잘것없는 글이 오래도록 전해질 것이니, 이것은 제가 소원하는 바입니다."라고 한 것을 보면, 정상기는 책이 완성되자 성호에게 보내며 서문을 써 달라고 청하였던 듯하다.

『향거요람』은 성호의 생전에 이미 화재로 불타 전해지지 못하는 책이 되고 말았다. 우리는 성호의 서문을 통해 대략의 내용을 추측할 수 있을 뿐인데, 채소 재배, 과일 재배, 양잠, 목축 등을 거론하고 있는 것을 통해 성호가 살던 시대의 농업의 모습을 조금은 엿볼 수 있다.

성호는 당세에 뜻을 얻지 못한 선비가 농사를 지어 생계를 이어 가는 것을 분수에 맞는 삶이라고 여겼고, 그런 면에서 성호와 정상기는 같은 길을 걷고 있는 사람들이었다. 성호 역시 농사에 대한 관심이 커서 다양한 벼의 품종을 기록한 책인 『도보稻譜』도 지었는데, 지금은 전하지 않는다.

성호는 정상기를 평생의 벗이라 여기며 존경할 만한 벗으로 인정하여 그가 세상을 떠나자 "새가 한쪽 날개를 잃은 듯하다."고 하며 슬퍼하였고, 「농포자 정공 묘지명農圃子鄭公墓誌銘」에서는 "나와 벗한 지 거의 40년인데도 하루같이 지냈다."라고 술회하였다. 정상기는 성호의 당질堂姪인 이만휴李萬休의 딸에게 장가들어 인척 관계이기도 하였다.

그들이 주고받은 수많은 편지에서 두 사람의 관계가 오롯이 드러나는데, 대부분 학문에 대한 질문과 토론이 주를 이루고 있다. 예에 관한 여러 통의 문답, 정상기의 저술인 『농포문답』에 대해 항목별로 자신의 의견을 피력한 장문의 편지, 성호가 자신의 저술을 보내겠다는 언급 등은 두 사람이 학문적으로 깊은 영향을 주고받았다는 것을 보여 준다.

성호는 지도와 지리학에도 상당한 관심과 지식을 갖고 있었다. 『성호사설』에는 "지도를 그리는 방법도 선비의 학문으로 몰라서는 안 된다."라고 하며 지도를 베끼는 방법을 자세히 설명하고 있으며, 『직방외기職方外紀』에 수록된 「만국전도萬國全圖」를 비롯한 서양 지도를 보았음은 물론, 제작자가 분명하지 않은 청나라와 조선의 경계 지역을 자세히 묘사한 우리나라의 지도에 대해서도 언급하고 있다. 정상기가 축척을 사용하여 100리里를 1자尺로 하여 제작한 『동국지도』에 대해 "우리나라의 지도는 본을 떠서 그린 것이 실제와 같지 않아서 실제에 근거하여 일을 할 수가 없었다. 이에 여러 해 동안 찾아다니며 넓은지 좁은지, 얼마나 가파른지를 안 후에 합하여 전도全圖를 만들었다. 8폭으로 나누어 완성하였으며, 별도로 백리척百里尺을 만들어 1치寸를 10리에 해당시켰는데, 상하의 길이를 재 보면 멀고 가까운 거리의 이수里數가 어긋나지 않았다. 나에게 한 폭을 주어서 책상 위에 펼쳐 놓으니, 정신이 팔방에 노니는 듯했으며 발로 밟고 다니고 눈으로 보는 것같이 명확하였으니, 이것은 동방에 일찍이 없던 것이다."라고 극찬하였다. 또 안정복과 『동사강목』의 내용을 의논하는 편지에서는 "북방의 9성城 및 공험진公嶮鎭의 위치에 대해서는 고인이 된 친구 첨지중추부사 정여일과 여러 차례 함께 논의하였는데, 나는 그의 의견에 반박할 수가 없었습니다."라고 하여 지리와 역사, 지도에 대해서도 깊이 있는 토론이 이루어졌음을 알 수 있으며, 조선 후기 지리학 발달 과정의 일면도 함께 엿볼 수 있다.

윤동규에게 답하는 편지
答尹幼章

앞서 보낸 편지가 그곳에 도착하기도 전에 뒤이어 보내신 편지를 또 받았습니다. 겨울에 추위에 떨고 봄에 굶주림에 허덕이면서도 누추한 시골에서 지내는 즐거움이 변치 않았으니, 이것 외에는 말할 필요가 없습니다.

근자에 문하에서 공부하는 제자 중에 재능이 기대할 만한 자가 있습니까? 조정에서 매우 빈번히 과거 시험을 보이니, 젊은이들이 독서하고 이치를 궁리하려고 해도 어찌 그럴 겨를이 있겠습니까. 수십 년 이래 경서經書 한 질을 모두 읽은 사람이 하나라도 있다는 말을 듣지 못했고, 친구들에게 물어봐도 모두 그렇다고 합니다. 과장을 연다는 소문이 이르면 마치 바람이 불어 풀이 요동치는 듯 어수선하다는 퇴계의 말이 이 경우를 두고 한 것입니다.

급제하고 낙방하는 것은 우선 차치하더라도 돈과 식량을 낭비하는 것이 가난한 백성의 큰 우환입니다. 그런데도 과거에 응시하려는 생각을 단절하지 못한다고 한다면 과연 누구의 허물이겠습니까. 여기에서 비로소 온 나라의 똑같은 풍속에서 벗어날 수 없다는 것을 알겠습니다. 사람들이 짜고 있던 베를 자르고 쌀독의 쌀을 박박 긁어내서 노자를 만들어 서울에 가서 모두 소모하여 마치 재물을 제때에 축내지 못할까 두려워하듯이 하는 것을 많이 보았습니다.

이것뿐만이 아닙니다. 세상 풍속이 날로 경박하고 사치스러워져서 마치 말이 북소리에 놀라 날뛰는 것 같으니 끝에 가서 어떻게 될지 모르겠습니다. 간혹 글을 묻는 자가 있더라도 과거 공부에 도움을 받으려는 것에 불과하고 애당초 속에 담긴 깊은 뜻에 마음을 둔 것이 아닙니다. 이것은 그 사람이나 나나 헛수고만 할 뿐이지만 어찌하겠습니까.

나는 역병을 피해 거처를 옮겼다가 조금 전에 집에 돌아왔는데, 이웃집 사람들의 증세가 여전하니 또 피해서 거처를 옮겨야겠는데 실로 그럴 만한 곳이 없습니다. 사방이 모두 역병에 둘러싸여 있어 벗어날 방법이 없습니다. 중략

근자에 『경제유편 經濟類編』 한 질을 얻어서 때때로 보고 있는데, 그 설이 왕왕 마음을 기쁘게 합니다. 옛사람은 입에서 나오는 대로 글을 지어도 매번 경서를 인용하여 심오한 뜻을 밝혀내니, 심상하게 둘러대는 말이 아니라 또 반드시 나라를 보전하고 백성을 살리는 방도를 부연하기 때문에 이것으로 인하여 성인의 뜻을 깨치는 것이 많습니다. 대체로 『시경』과 『서경』의 본래 뜻은 치국과 평천하에 힘쓰는 것입니다. 그

래서 "『시경』 전체를 외우고도 정치를 맡겨 주었을 때 잘하지 못한다면, 아무리 많이 외웠더라도 이를 어디에 쓰겠는가."라고 하였거늘, 후세의 학자들이 매번 본원本原과 심술心術에 비추어 해석을 하였으니, 이는 안목이 좁은 견해입니다. 유장幼章은 어떻게 생각합니까?

안백순安百順 안정복이 또 편지를 보내와 우리나라 역사에 대해 물었습니다. 이 사람은 이 부분에 재능이 뛰어나니, 그가 잘하는 것으로 인하여 다른 분야에까지 도달한다면 무슨 문제가 있겠습니까. "외면에 급급하여 내면에 소홀하다."라고 말하더라도, 고금의 역사를 거슬러 보고 여탈與奪을 헤아려 본다면 결코 그것이 학문을 하는 한 가지 일이 아니라고 할 수 없을 것입니다. 성인聖人의 문하생을 기준으로 본다면 인물을 비교하는 것에 대해 "겨를이 없다."라고 하신 공자의 가르침을 굳게 지켜야 합니다. 그러나 공부를 범범하게 하는 후세를 기준으로 보면, 또한 서로 권면하고 도와서 이루는 것이 곧 하나의 일이 될 것입니다. 계속해서 이렇게 하여, 글로 인해서 도道에 들어간다면 어찌 서로 통하는 길이 없겠습니까.

제자 윤동규에게 보낸 편지로, 유장幼章은 윤동규의 자이다. 윤동규는 서울 용산방龍山坊에 살면서 17세이던 1711년에 성호의 제자가 되었으며, 그의 아우인 윤동기尹東箕, 윤동진尹東軫도 모두 성호에게 수학하였다. 후에는 지금의 인천仁川인 소성邵城의 도남촌道南村으로 옮겨서 살아 호를 소남邵南이라 하였는데, 나중에 다시 용산으로 돌아와 살았다. 성호는 그를 사는 곳에 따라 '인천' 또는 '용산'이라 부르기도 하였다. 『성호전집』에는 윤동규에게 보낸 편지 56편이 수록되어 있는데, 한 사람에게 보낸 편지로는 가장 많은 숫자이다.

이 편지를 보낸 1756년에 성호는 76세이고 윤동규도 61세의 노년이었다. 40년이 넘는 긴 시간 사제의 정을 이어 온 때문인지 윤동규에게 보낸 성호의 편지는 일상의 소소한 일이나 자신의 어려운 형편 등을 숨기지 않고 말하고 있으며 세상과 학문에 대한 생각도 남김없이 펼쳐 놓고 있다. 이 편지에서도 춘궁기에 역병이 겹친 어려운 상황에서도 명나라 풍기馮琦가 편찬한 백과전서인 『경제유편』을 읽고 있는 자신의 공부 형편을 전하면서 학문의 목적이 무엇인지를 윤동규에게 확인하고 있다. 이는 편지 앞부분에서 언급한 과거의 폐단과 그로 인해 과거 공부에 도움을 받기를 바라는 제자들을 대하면서 헛수고에 불과하다고 한탄한 것과도 무관하지 않다.

윤동규는 지리학과 역사학에도 상당한 조예가 있어 자수眥水, 패수浿水, 열수洌水, 대수帶水 등의 위치에 대해 논한 『사수변四水辨』을 지었는데, 성호가 안정복의 『동사강목』 편찬 작업을 언급한 것도 이 때문인 듯하고, 성호가 안정복에게 보낸 편지에서도 윤동규의 의견을 전하고 있는 것을 볼 수 있다.

성호장을 찾아온 안정복에게 성호는 "윤동규라는 자가 인천에 살고 있는데, 견해가 명백하여 쉽게 얻을 수 없는 사람이다. 옛날에 화정和靖 윤돈尹惇이 육경의 글을 자기 말처럼 외웠다고 하는데, 지금 이 사람은 이를 외울 뿐만 아니라 능히 그 뜻을 이해하고 있다. 다만 가난하여 거의 굶어 죽을 지경인 것이 한탄스럽다."라고 윤동규를 소개하였다. 안정복이 지은 윤동규의 행장에서는 "성호의 문하에 재주가 뛰어난 선비들이 있었지만, 절실히 묻고 가까이 생각하며 독실한 뜻을 가지고 힘써 행하는 사람을 말한다면 선생 한 사람뿐이었다. 갑자년1744 영조 20에 이 선생께서 병이 위급할 때 선생을 불러 생전의 유언을 일러 주시되 도를 전하는 책임을 당부하였으니, 이로써 보건대 사제 간의 전수함이 중한 것을 알 수 있다."라고 하여 성호의 제자 가운데 윤동규의 위치를 확인해 주고 있다.

안정복이 말한 '도를 전하는 책임'이란 성호가 1744년에 병석에 있으면서 윤동규에게 자신이 모아 놓은 퇴계의 말씀을 기록한 『도동록道東錄』의 편집을 부탁한 일인데, 이후 윤동규와 안정복이 함께 정리하여 『이자수어李子粹語』라는 이름으로 완성되었다.

신후담에게 답하는 편지
答愼耳老

나는 병이 들어서 깊은 뜻을 연구하지는 못하지만 근자에 한가하여 옛날에 썼던 글들을 조금 살펴보았습니다. 정신이 매우 쇠약해져서 직접 지은 이름도 자세히 생각할 수 없는 경우가 있는데 오묘한 경전의 뜻을 어떻게 논하겠습니까. 새로 전래된 『역해 易解』는 돌려줄 기한이 촉박해서 틈나는 대로 훑어볼 수밖에 없었습니다. 새로 알게 된 것이 있으나 그대와 의논하여 하나로 귀결하지 못하는 것이 한스럽습니다.

지금 편지를 받아 보니 눈병이 나서 학업을 놓은 지 오래되었다고 하므로 이 또한 근심스럽고 한탄스럽습니다. 우리들이 항상 멀리 떨어져 있는데 또 이렇게 병에 걸렸습니다. 제 병은 대세는 나아졌지만 온몸에 요동치는 병의 기운은 뿌리가 깊어서 뽑지 못합니다. 결국은 길하고 좋은 징조가 아니니, 스스로 헤아려 볼 때 오래 살지 못할 것입니다. 제 신상의 일도 태반을 마치지 못했는데 머리가 허옇게 되었으니, 어떻게 하다가 갑자기 노년에 이르렀는지 모르겠습니다. 한편으로 가련하고 한편으로 우습습니다. 그대가 『역 易』에 대해 이미 조리가 있으니 매우 경탄스럽습니다만 그대를 아끼는 뜻에서 순서를 밟아 나가지 않는 데 대한 염려가 없을 수 없습니다. 중략

나의 원고 몇 권은 안목이 있는 사람이 한번 보아 주기를 바랐으니 그 뜻이 또한 간곡하므로 저버려서는 안 됩니다. 먼저 본 것 중에 긴히 보아야 할 것이 아니면 인편이 생기는 대로 우선 돌려보내더라도 무방할 것입니다. 내가 평생 동안 저술한 것은 보는 대로 하고 싶은 말을 다하였으나 사람들에게 보이지는 않았습니다. 그중에 남들이 보면 조금 놀랄 만한 내용이 없지는 않지만 그 또한 개인적으로 한 망녕된 얘기에 불과할 뿐이지 세상사와 무슨 관계가 있겠습니까. 그런데 미친 한 사람의 말이 어떻게 새 나가서 다른 사람의 귀에 들어갔는지 간혹 사람들이 편지를 보내 엄하게 경계하는 말을 합니다. 나는 이미 세상에 구하는 것이 없으므로 비난하는 말이건 칭찬하는 말이건 바람이 귓가를 지나는 것처럼 여기지만 세상의 인정은 험악해서 심지어 법으로 처벌하기까지 하니 이 또한 두려운 일입니다. 바라건대 그대는 거듭 나를 위해 변호해 주십시오.

근자에 반계 유형원의 『반계수록』을 구해서 보았습니다. 규모가 매우 치밀하고 역량이 매우 컸는데, 그 귀추는 경계經界를 바로잡는 것을 근본으로 삼았습니다. 이것은 참으로 당연한 일이기는 하지만 어찌 쉽게 행할 수 있겠습니까. 아직 두

루 살펴보지는 않았지만 반드시 그에 대한 설이 있을 것이니 훗날 다시 연구할 수 있을 것입니다. 윤복춘尹復春 윤동진이 죽은 날이 금세 돌아왔습니다. 마음이 서글프고 심사가 괴로운 것은 비단 그가 일찍 죽어서 슬프기 때문만은 아닙니다.

제자 신후담1702~1761에게 보낸 편지로, 이로耳老는 신후담의 자이다. 신후담은 1724년 처음 성호를 방문한 이후 여러 차례 성호와 만났고 편지를 통해서도 가르침을 받았다. 이 편지에서도 그의 공부가 진전된 것을 칭찬하면서도 차근히 순서를 따라 공부하라는 당부를 잊지 않고 있다. 또한 성호는 일방적인 스승의 위치를 고집하지 않고 제자를 학문의 동반자로 여겼다. 이 편지의 말미에서도 『반계수록』을 읽은 의견을 피력하며 함께 연구하고 싶다는 기대를 드러내고 있으며, 제자 윤동진의 기일忌日을 맞아 제자의 죽음을 슬퍼하는 마음이 학문적 동반자를 잃은 상실감이라는 것을 언급하고 있다. 성호가 신후담을 어떻게 평가했는지는 1753년 안정복에게 보낸 편지에서 잘 드러나는데 "서교西郊에 진사 신이로愼耳老라는 사람이 있는데, 학문이 독실하여 경외敬畏할 만합니다. 늙도록 경서를 연구하면서 초야에서 지조를 지키고 사는데, 혹시 한번 만난 적이 있습니까? 만약 서로 절차탁마할 만한 벗을 찾는다면, 이만 한 사람을 이 시대에 얻기 어려울 것입니다."라고 하였다.

이 편지를 보낸 1736년에 성호는 56세였는데 한 해 전에 걸린 괴질怪疾이 완쾌되지 않았기 때문에 죽음이 머지않으리라 예감하였는지 어투는 사뭇 비장하기까지 하다. 또한 자신과 마찬가지로 벼슬하지 않고 은거하며 학문에 전념하는 그에게 높아 가는 명성에 비례하는 비난에 잘 대처하라는 충고를 아끼지 않는데, 이 편지에서도 자신의 저술을 검토해 주기를 청하면서도 내용이 세상에 알려져 문제가 될까 염려하여 누설되지 않게 하기를 당부하고 있다. 실제로 신후담은 안정복, 윤동규와 함께 성호가 생전에 자신의 저술을 정리해 달라고 부탁한 제자 중 하나였다.

성호의 학문 태도와 저술에 대한 비방은 벗들이 편지를 보내 염려할 만큼 가볍지 않은 것이었다. 성호의 이러한 경험은 제자의 처신에 대한 다음과 같은 간절한 당부로 이어지는데, 1748년에 보낸 편지의 마지막 문장은 신후담에게 하는 당부이기도 하지만, 성호 자신의 처세 원칙이 아니었을까 싶다.

"학문에 뜻을 둔 사람들은 예로부터 비방을 많이 들었으니, 흰색 바탕에 검은 점과 같으므로 형세상 비방을 면하지 못하는 점이 있습니다. 그러나 군자가 이것으로 인하여 경계하고 반성한다면 타산지석他山之石이 될 수 있을 것입니다. 더구나 자신에게 혹시라도 극진히 헤아리지 않은 점이 있는 경우에는 말할 것이 있겠습니까. 지난날 누차 노쇠한 늙은이가 충심을 기울여 말했던 것은 나를 잘 이끌어 주기를 참으로 바라서였으니, 은혜를 베풀어 주어 같은 길을 가게 된다면 쇠퇴한 시속의 한 가지 즐거운 일이겠지만 세상이 험악하니 더욱 마음을 쓰지 않아서는 안 됩니다. 그대에게 바라는 것은, 두문불출하며 빈객을 만나지 않고 서책에 전념하면서 서로 믿는 한두 사람과 조용한 곳에서 교유하는 것이니, 이렇게 하면 여생을 잘 마칠 수 있을 것입니다."

안정복에게 답하는 편지
答安百順

우리나라의 역사를 편찬하는 일은 반드시 두서頭緖가 있어야 세도世道를 위해 다행일 것입니다. 무릇 마땅히 해야 하는 일은 이 사람이 하지 않으면 다른 사람이 하게 되어 있습니다. 어찌 옛날과 지금, 남과 자신의 차이가 있겠습니까. 하지만 한스럽게도 나는 정신이 이미 없어서 함께 상의할 수 있는 형편이 아닙니다.

조선朝鮮이라는 명칭에 대해 나도 어떻게 명확한 결론을 내릴 수 있겠습니까. 예전에 나는 '선비산鮮卑山이라는 산이 본래 중국의 동북쪽 변경 바깥에 있었다. 동호東胡의 한 종족이 그 아래 거주하는데, 부락部落도 번성하여 선비鮮卑라고 이름을 붙인 곳이 매우 많았다. 지금 동쪽 변경의 여러 산은 모두가 이 산의 줄기로, 그중에 가장 동쪽이 바로 우리나라이다. 그러므로 이것으로 인해 조선이라는 이름을 얻게 된 것이 아니겠는가.'라고 생각하였습니다. 고구려高句麗의 유리왕琉璃王이 선비와 전투를 벌였으니, 서로의 거리가 멀지 않았다는 것을 알 수 있습니다. 우리나라를 세우고 나서 명明나라에 국호를 청할 때 조선과 화령和寧으로 하였습니다. 화령은 과연 어디를 지칭하는 것일까요? 『고려사高麗史』「식화지食貨志」를 상고해 보니, 신우辛禑 9년1383에 태조가 변방을 안정시킬 대책을 올려 "동북면東北面 한 도道는 땅이 좁고 척박한데, 화령은 도내에서 땅이 넓고 비옥하다."라고 하였으며, 또한 공양왕 10년에는 동계東界의 화주和州를 승격하여 화령부和寧府로 삼았으니,* 이곳은 바로 함경도에서 왕업王業이 일어난 곳*입니다. 공양왕 때에 태조가 공功으로 화령백和寧伯에 봉해졌습니다. 무릇 국호를 세울 때에 반드시 그 근본을 들어서 국호를 삼기에 그러한 것입니까? 한번 생각해 보시기 바랍니다.

명나라 홍무洪武 1368~1398 초에 천자天子가 철령위鐵嶺衛를 설치하려고 하면서 "장주長州, 정주定州, 고주高州, 화주和州는 본래 개원開原에 속하는 지역이다."라는 조서詔書를 내렸는데, 이곳은 바로 함흥 이남의 몇 개 고을입니다. 상고해 보니 영원현寧遠縣은 개원의 서남쪽에 있고, 다시 그 남쪽은 남강南康이고, 다시 그 남쪽은 합란부哈蘭府이고, 다시 그 남쪽은

* 공양왕……삼았으니 : 공양왕이 재위한 기간은 3년에 불과하였으며, 화주和州를 승격하여 화령부和寧府로 삼은 것은 공민왕 18년인 1369년의 일이다. 따라서 '공양왕 10년'이라는 말은 잘못이다. 『고려사高麗史』 권58 「지리地理 3 동계東界 화주和州」에 보인다.
* 왕업王業이 일어난 곳 : 태조 이성계李成桂가 태어난 함경도 영흥永興을 가리킨다. 영흥의 옛 이름이 화령和寧이다.

쌍성雙城입니다. 쌍성은 바로 지금의 함경도 영흥永興입니다. 그 경계가 고려에 근접해 있었으니, 총관摠管 조휘趙暉의 일*에서 증험할 수 있습니다. 당시에 다행히 박의중朴宜中이 잘 대처한 덕분에 중지될 수 있었습니다.* 이것은 반드시 한번은 일어나야 했던 논의인데, 만약 그렇게 되었더라면 북쪽으로 한 방면은 다시는 우리나라의 소유가 되지 못했을 것이니, 역사를 저술하는 사람이 뜻을 기울여야 할 바입니다.

그리고 생각건대 고려조의 합단哈丹*과 근세 병자년1636 인조 14의 청淸나라의 대병大兵은 모두 철령을 통해 침입하였으니, 저들이 어찌 육진六鎭을 통해 돌아서 침입했겠습니까. 지금 삼수三水와 갑산甲山의 물은 북쪽으로 압록강으로 흘러드는데, 높거나 깊은 험한 지역이 없으니, 필시 빠른 지름길이 있어서 곧바로 도달할 수 있을 것입니다. 우리나라 사람들

* 총관摠管 조휘趙暉의 일 : 1258년에 원元나라 군대가 동북 지방에 침입하자, 조휘 등이 고려에 반란을 일으키고 화주和州 이북의 땅을 가지고 원나라에 귀순하였다. 원나라는 화주에 쌍성총관부雙城摠管府를 설치하고 조휘를 총관에 임명하였다. 『국역 고려사절요』 제17권 고종 안효대왕 45년 조에 보인다.

* 당시에……있었습니다 : 1388년에 명나라 태조가 철령위鐵嶺衛를 설치하려고 조서를 내리자, 박의중朴宜中이 사신으로 파견되어 철령이 본래 고려 땅이라고 주장하자 명나라가 계획을 철회하였다. 『국역 고려사절요』 제33권 신우 14년 조에 보인다.

* 합단哈丹 : 1290년에 원나라에 반란을 일으킨 내안乃顔의 잔당殘黨 두목이다. 이듬해 원나라 군대에게 패하여 동쪽으로 도망쳐 고려의 관동關東 지방으로 난입하여 화주和州와 등주登州 서쪽의 여러 고을을 노략질하였다. 철령鐵嶺을 지키던 만호萬戶 정수기鄭守琪가 소문만 듣고서 철령관을 포기하고 도주하자 적들은 교주도交州道를 거쳐 원주까지 침략하였다. 『국역 고려사절요』 제21권 충렬왕 17년 조에 보인다.

은 도무지 조사하여 검증하는 일이 없었으므로, 이 또한 관심을 가져야 할 부분입니다.

열수洌水는 패수浿水와 같이 호칭되니, 간혹 이러한 경우도 있을 것입니다. 저탄강豬灘江의 벽란정碧瀾亭이 매우 명확한 증거입니다. 중국의 책에서 비록 혼동하여 칭했더라도 우리나라에 있는 지명은 마땅히 구별해야 하니, 필시 두 강을 동시에 지칭하지는 않았을 것입니다. 만약 대동강大同江을 패수라고 단정한다면, 당시 사람들이 저탄강을 가리켜 이름이 없다고 여겼겠습니까. 이것은 어떻게 헤아려 보느냐에 달린 문제입니다. 후략

제자 안정복1712~1791에게 보낸 편지이다. 백순百順은 안정복의 자이고, 순암順菴은 호이다. 1746년 10월 17일에 35세의 안정복이 성호를 찾아와 하루를 묵고 돌아갔다. 당시 성호는 66세였고, 안정복이 무주茂朱에서 광주廣州 경안면慶安面 덕곡德谷의 선산先山 아래로 옮겨 정착한 지 10년 만의 일이었다. 이들은 이후 1763년 성호가 사망할 때까지 18년 동안 네 차례밖에 만나지 못한 데다 1751년 이후로는 단 한 차례도 만나지 못하였다. 안정복이 1749년 벼슬길에 나가 1754년 부친상을 당할 때까지 6년 동안은 관직에 있었고, 이후에는 난치병에 걸려 출입할 수 없었기 때문이다. 만나지 못하는 대신 성호와 안정복

은 빈번하게 편지를 주고받았는데, 『성호전집』에는 안정복에게 보낸 편지 35통이, 안정복의 문집 『순암집』에는 성호에게 보낸 편지 33통이 수록되어 있다.

안정복의 연보에는 1756년부터 『동사강목』 편찬을 시작하였다고 하였으나, 한 해 전인 1755년 성호가 보낸 편지에는 "우리나라의 역사에 뜻을 두고 계시다니, 듣는 사람의 귀가 번쩍 뜨입니다. 늙은 나는 기력이 미칠 수 없습니다.……조선 역시 문명文明한 나라인데, 지금에 이르기까지 수천 년 동안 어찌 역사를 서술할 만한 선비 한 사람이 없었겠습니까마는, 일에는 반드시 시기가 있지 않겠습니까."라고 하였고, 그해 안정복이 보낸 편지에 '동사강목'이라는 제목이 있는 것으로 보아 이전부터 준비를 하고 있었던 듯하다.

성호는 사람들이 우리나라 역사에 관심을 갖지 않고, 국내의 고을이나 산천의 이름, 연대 등을 확인할 때도 우리나라 역사책을 보지 않고 중국 기록을 믿는 것을 매우 한스럽게 여겼다. 또한 고려의 역사를 정리하려는 생각도 가지고 있었지만, 하지 못하였다고 안정복에게 말하기도 하였다. 또한 윤동규에게 역사를 편찬하라고 권하기도 하였다. 안정복이 역사서를 편찬하려고 하자 매우 기뻐하였고, 이후 주고받은 편지의 주된 내용은 대부분 『동사강목』을 편찬하는 데 관련된 것이었다.

『동사강목』에 대한 성호의 관심과 기대가 얼마나 컸는지는 여러 통의 편지에서 확인할 수 있는데, 1757년의 편지에서는 진척 정도를 물으면서 '유가의 대업大業'이라고 하거나 '세상을 교화하는 데 도움이 되지 않겠습니까.'라고 의미를 부여하며, 자신이 도울 수 없어 한스럽다고 전하고 있다. 그러나 성호가 안정복에게 보낸 편지를 살펴보면 '단군과 기자'부터 서술을 시작해야 한다는 것부터 지명과 사실의 확인과 고증 등 세세한 내용까지 함께 의논하지 않은 것이 없었다.

이뿐만 아니라 '진부한 옛 기록을 답습하지 말고 천고의 면모를 드러내어 정중하게 표현해야 한다.', '중국의 역사를 전적으로 믿어 증거로 삼지 말아야 한다.', '확실한 사실만을 전하고, 의심스러운 것은 의심을 남겨 둔 채 기록해야 한다.' 등의 서술 원칙도 여러 차례 피력하고 있다. 그리고 단군에 대해서는 이인섭李寅燮의 의견이 맞다거나 함경도의 구성九城에 대해서는 정상기의 견해가 옳다고 하는 등 다른 사람의 견해를 소개하면서 적극 검토하여 수용하라고 충고하기도 하였다.

성호의 이러한 관심은 『동사강목』이 완성된 후에도 계속되어 '동방에 일찍이 없던 역사책'이라고 칭찬하면서도, 온당치 않은 부분도 있지만 기력이 없어 검토할 수 없다고 한탄하기도 하였다. 안정복 역시 스승의 이러한 충고를 받아들여 1759년에 초고를 완성한 후에도 계속 수정하고 보완하였으며, 1774년 최종본을 완성하고서도 다시 교정하여 1783년에 완성하였다. 27년에 걸친 『동사강목』의 편찬이 완료되는 시점이었고, 이익, 윤동규 등이 함께 논의에 참여하고 그동안 축적된 역사학, 지리학 등의 성과가 반영된 역사서가 완성되는 순간이었다.

산사로 독서하러 가는 극기에게

書贈克己讀書山堂

극기克己가 책을 짊어지고 산사山寺로 독서하러 떠나니, 내가 한마디 말로써 전송해 주는 것이 마땅하다. 하지만 조심해서 다녀오고 밥도 잘 챙겨 먹으라는 말로 축원한다면, 범범한 사람들이 해 주는 말과 같을 것이니, 내가 해 줄 만한 말은 아니다. 경전의 구절을 잘 외워 과장科場에서 자유자재로 발휘할 수 있도록 하라는 말로 면려한다면, 악착스러운 사람들이 해 주는 말과 같을 것이니, 내가 해 주고자 하는 말이 아니다. 웅장하고 심오하면서도 엄숙한 내용으로 글을 지어 훌륭한 문장을 이루는 따위도 기예를 가진 자들이 부리는 방법이니, 내가 참으로 부끄럽게 여기는 바이다. 엉성한 나 자신을 돌이켜 보자니, 군君의 바람에 부응할 수 없기에 옛사람이 남긴 뜻을 풀어서 말해 주고자 하는데, 괜찮겠는가?

옛날 아직 책이 없을 때에 성인이 후세에 도학道學이 전해지지 못할까 염려하여 자신이 온축한 학문을 발휘하여 후세에 알려 주었으니, 이것이 책이 생기게 된 까닭이다. 이러한 책을 읽는 것은 성인의 뜻을 알고자 해서인데, 지금 여러 책을 섭렵하여 문장을 짓는 행위나 이것저것 주워 모아서 말을 만드는 행위는 아름답게 장식한 상자만 사고 그 안에 들어 있는 귀중한 구슬은 돌려주는 것이나 마찬가지이니, 어떻게 다시 저술한 사람의 본심을 알아서 자신을 위해 수용할 수 있겠는가. 군은 그 점을 경계해야 할 것이다.

무릇 책을 읽는 사람은 처음에는 전혀 의심이 없다가 조금 뒤에 약간의 의심이 생겨나고 한참 뒤에는 구절마다 글자마다 모두 의심을 하게 된다. 의심이 있다가 의심이 없는 단계에 이르러야 비로소 의미를 깨달을 수 있는 것이니, 처음부터 의심이 없는 것이 진실로 글의 조리가 분명하여 막힘이 없어서이겠는가. 장자張子 장재張載가 말하기를 "의심이 없던 곳도 의심을 가지고 보아야 한다." 하였는데, 아마도 이러한 점 때문일 것이다. 배우는 사람이 배우기만 하고 생각하지 않으면 끝내 깨달음에 이를 수 없다. 그러므로 옛사람들은 의심나는 것이 있는지 없는지를 가지고 자기 공부가 진보했는지를 증험하였으니, 군은 그 점을 유념해야 할 것이다.

벗들이 함께 도와 가며 학문을 닦으라는 것은 성현의 가르침이니, 후학들이 반드시 따르지 않을 수가 없다. 그러나 간혹 한가롭게 혼자 거처하다 보면 논의할 것이 한두 가지가 아니고 질문할 거리도 매우 많아지는데, 갑자기 엄한 스승과 좋은 벗을 만나더라도 마음과 입이 서로 호응하지 않아 이것저것 말은 많지만 하나도 몽매함을 깨치지 못하게 된다. 이것은 사람들의 보편적인 근심거리이다. 마땅히 일마다 기록하되, 난해한 부분은 의심나는 점을 기록하고 이해한 부분은 그 말을 기록하여 훗날 강론할 자료로 삼거나 서찰을 통해 물어 함께 따지고 밝힌다면, 심오한 의미를 탐구하는 데 이보다 더 유익한 방법은 없을 것이다.

정자程子는 "서찰이 유자儒者의 일에 가장 가깝다."라고 하였으니, 대현大賢이 필시 견해가 있어서 한 말일 것이다. 나는 서찰을 왕래하면 세 가지 이점이 있다고 늘 말하였다. 제때 질문하여 점차로 오묘한 뜻을 깨달을 수 있는 것이 첫 번째 이점이고, 질문에 대답하는 사람 또한 감히 경솔하게 학설을 세울 수 없는 것이 두 번째 이점이고, 글 상자에 보관하여 나중에 잊지 않게 할 수 있는 것이 세 번째 이점이다. 옛날에 퇴계 선생께서도 편지로 의문점을 묻고 답하면 유익하다는 말씀을 하여 사람을 훈계한 일이 있었다. 군은 한번 생각해 보라. 후략

산사로 공부하러 가는 이복환李復煥 1690~1719에게 써 준 글이다. 이복환은 성호의 손자뻘 되는 일가이자 제자로, 극기克己는 이복환의 자이다. 성호와 이복환이 가까운 친척은 아니지만 이복환의 할아버지 때부터 성호와 이웃에 살아 매우 돈돈한 관계를 유지하였다.

성호는 그가 성장하고 학업에 몰두하는 모습을 가까이에서 지켜보며 남다른 애정을 가져, 30세로 요절한 그의 제문에는 “십여 년 동안 한 해도 서로 떨어져 지낸 적이 없고 하루도 생각하지 않은 적이 없거늘 어찌 하루아침에 세상을 떠나 영원히 작별을 한단 말인가.”라고 하며 슬퍼하였다.

옛사람들은 어떤 목적을 가지고 길을 떠나는 사람에게 축원이나 당부의 뜻을 담아 글을 써 주었는데, 성호 역시 그러한 형식을 빌려 공부하러 가는 제자에게 공부의 목적과 방법에 대해 자상하게 일깨워 주고 있다. 먼저 과거와 문장을 위한 공부는 성호가 추구하는 학문이 아니라고 전제하고 나서, 책을 읽는 진정한 목적을 잃지 말라고 경계하였다. 다음으로 공부의 구체적인 방법 두 가지를 제시한다. 하나는 내용에 대해 의심하고 그것을 해결해 나가는 과정을 통해 학문이 진보할 수 있다는 것이다. 다른 하나는 공부한 내용을 이해한 것과 의심나는 것으로 나누어 기록해 두었다가 벗이나 스승의 도움을 받으라는 것인데, 편지를 통해 학문을 토론하는 이점을 세 가지로 제시하여 일러 주었다.

담장을 이웃하고 있어 문밖만 나서도 볼 수 있던 제자가 멀리 떨어진 산사에서 공부하다 의문이 생기면 언제든지 편지로 물어도 좋다는 무언의 허락이었을 것이고, 이복환은 이런 스승의 가르침을 가슴 깊이 새겨서 홀로 공부하다가 생긴 의문을 따로 적어 두었다가 편지를 보내거나 훗날 돌아와서 조목조목 여쭈어 궁금증을 풀었을 것이다.

권철신에게 답하는 편지

答權旣明哲身

사람이 가지고 있는 404가지 질병은 모두 치료 방법이 있습니다. 하지만 세상의 습속만은 고치기가 어려워 마치 물이 아무리 하늘 높이 치솟더라도 결국에는 땅으로 떨어지듯이 본래의 상태로 되돌아가 버리고는 합니다. 일반적으로 재주가 출중한 사람 가운데 보통 이상의 지혜를 지니고 있는 사람은 독실한 공부에 노력을 기울이지 않는 경향이 있습니다. 나는 예전에 대충이나마 과거 공부를 한 적이 있는데 이는 오로지 벗들의 분위기에 끌려서였습니다. 이뿐만 아니라 이후에도 학문의 본 궤도에서 벗어나 다른 분야의 책들을 읽는 등 당시의 잘못된 세태에 끝까지 끌려다니고 말았습니다. 그 결과 이렇게 백발의 나이가 되도록 아무것도 이루어 놓은 것이 없습니다. 이제 와서 아무리 옛 습관을 바꾸어 보려고 해도 뜻대로 되지 않아 이쪽에 속하지도 저쪽에 속하지도 못하는 아무짝에도 쓸모없는 사람이 되고 말았습니다.

지난번에 그대가 방문했을 때 타고난 성품이 민첩하고 재주가 뛰어난 것을 보고는 '의당 세상에 필요한 인재가 되겠구나.'

하고 생각한 것을 기억합니다. 그러면서도 한편으로는 그대가 곤궁함을 잘 견디지 못하는 것을 보고서 혹시라도 집안 살림이 가난하여 생활이 다시 어려워진다면 그것이 그대의 발목을 잡지나 않을까 염려하였습니다. 하지만 나는 그대를 피상적으로 보았던 것을 이내 후회하였습니다.

근래 종손從孫이 지난번에 여러 사람이 모인 자리에서 그대를 만난 적이 있는데, 그대만이 홀로 일어나 사람들에게 절을 하였다고 나에게 말해 주었습니다. 이것은 그대가 세태에 물들지 않았다는 하나의 증거라 할 수 있습니다. 요즈음 서울의 풍속에는 사람을 만나고 이별할 때 아예 서로 절하지 않는다고 들었습니다. 절은 가장 먼저 행하는 예禮이고, 행하기 어렵지도 않은데 이것마저 폐한다면 무엇인들 폐하지 않겠습니까. 예가 없어지면 도道도 없어지는 결과를 낳게 되므로 이것은 작은 일이 아닙니다. 그에 대해 말하자면 너무 길어서 다 말하지 못하겠습니다. 그대가 여러 사람의 비아냥도 아랑곳하지 않고 예법대로 행동하였으니, 여기에서 그 가능성을 보았습니다. 이것을 시작으로 한 가지 두 가지 마땅히 실천해야 할 예법들을 회복하여 차례대로 해 나간다면 속기俗氣를 제거하지 못하거나 예법을 밝히지 못할까 어찌 걱정하겠습니까. 후략 성호가 80세 되는 1760년에 25세의 권철신1736~1801에게 보낸 편지이다. 권철신은 성호의 말년 제자로 그의 부친 권암權巖 역시 제자였고 조부 권돈權敦 1680~?은 성호의 친구였다. 그래서 권철신을 아끼는 마음이 그 누구보다도 각별하였다.

권철신은 젊고 재주가 많은 만큼 관심 분야도 다양하였다. 이 편지를 보낼 때에는 당시 세상에 유행하던 양명학에 빠져 있었다. 성호는 이것이 염려되었다. 그래서 젊을 적에는 세태에 따라 과거 공부에 매달리고 나중에는 다른 분야의 책들을 이것저것 읽느라 아무것도 이루지 못하고 늙어 버린 자신의 경험을 이야기해 주었다. 그런 다음 세태에 구애받지 않고 예법에 따라 행동한 권철신의 행동을 예로 들면서 그에게 실천적 학문을 하도록 격려해 주었다. 하지만 권철신의 관심은 이후 천주교와 서양 학문으로 확대되어 이벽, 정약용 등과 함께 서학의 교리를 연구하는 모임을 만들어 활동하다 1801년순조 1의 신유박해 때 붙잡혀 고문을 받고 죽음을 당하는 비운을 겪었다.

이지승에게 보내는 편지

與李景祖祉承

소식이 뜸하기에 그대 생각을 많이 하였습니다. 완연한 봄을 맞이하여 건강이 더욱 좋아지기를 간절히 바랍니다. 나는 나이가 들어 일어날 기력이 없는데 연거푸 병까지 걸리는 바람에 날마다 죽을 때만 기다리고 있으니, 이제는 아주 이 세상 사람의 몰골이 아니게 되었습니다.

요즘 어떤 경전을 읽고 있습니까? 지난번 그대에게 『주자대전朱子大全』에 전적으로 매달리지 말라고 권고했는데 얼마 후 그렇게 말한 것을 다시 후회했습니다. 주자의 글을 읽는 것 역시 미루어 두어서는 안 됩니다. 단지 성인의 경전은 전혀 읽지 않고 지엽적인 책만 보느라 근본적인 것을 놓치고 있는 요즘의 경향을 염려해서 한 말입니다. 지금 사람들이 많이 보는 『주자서절요朱子書節要』는 매우 훌륭한 책입니다. 그 밖에도 『주문작해朱文酌海』와 『절작통편節酌通編』이 있어 빠진 내용을 매우 많이 보충하여 거의 물 샐 틈이 없을 정도로 내용을 잘 갖추고 있으므로, 굳이 주자의 문집 전체를 다 읽어서 남을 이겨 보려고 하는 것은 너무 지나칩니다. 온 마음을 다해 세상의 요구에 부응하고 지식 자랑으로 남들에게 군림하려다 보면 자신도 모르는 사이에 집 나간 말이 너무 멀리 가서 제 자리로 돌아오지 못하는 꼴이 될 것입니다.

인간이 가진 총명과 역량은 마치 되升와 말斗에 표준 용량이 있는 것처럼 원래부터 정해진 양이 있다고 나는 사람들에게 늘 말합니다. 만약 말 속에 먼저 진흙이 한 되 들어가 있으면 쌀이 들어갈 자리는 아홉 되를 넘지 못하고, 진흙이 아홉 되 들어가면 쌀은 반드시 한 되박에 들어가지 못합니다. 이러한 이유로 군자는 반드시 심신心神을 아껴서 사용하였으며, 조금이라도 이를 낭비하여 혹 원대한 뜻을 실현하는 데에 방해가 되지 않을까 늘 염려하였던 것입니다.

나의 경험으로는 어릴 적에 즐겁게 놀던 사소한 일들이 우연히 마음속에 자리를 잡게 되면 이것이 일생 동안 잊히지 않고 도리어 다른 일들만 모두 달아나 버리고는 하는데, 이 일을 지워 버리고 다른 생각을 하려고 아무리 노력해 보아도 그렇게 되지 않습니다. 이를 두고 콩 심은 곳에 콩 나고 팥 심은 곳에 팥 난다고 하는 것이니 어찌 두렵지 않겠습니까. 중략

『논어』는 내용이 매우 좋습니다. 책 첫머리의 첫 번째 주제는 '배움學'에 대한 것입니다. 배움이란 다른 사람에게 가르침을 받는 것입니다. 사람이 '생지生知', 즉 태어나면서부터 아는 것이 아닌 이상 반드시 배움에 의존해야 합니다. 가르침과

배움이 있는 곳에는 사도師道가 존재합니다. 대개 가르쳐 주어도 배우지 않는 경우는 있어도 배우려는데 가르치지 않는 경우는 없습니다. 이것이 세상의 첫 번째 이치입니다. 이 때문에 예로부터 다스리는 이치를 논할 때는 언제나 이것을 최우선으로 삼았습니다.

그다음은 '벗을 사귀는 도리'입니다. 지식을 배우고 익힌 뒤에는 배고픈 사람이 밥을 찾고 목마른 사람이 물을 찾듯 벗들의 도움을 받아 자신의 부족한 점을 보완하되, 행여 배운 것을 제대로 실천하지 못할까 걱정합니다. 이 때문에 벗들과 함께 토론하여 그 의미를 밝혀내면 이른바 '배운 지식이 나의 것이 되고', 이에 따라 행동하면 실제 몸으로 체득하게 됩니다. 실제로 체득한 학문에 대해서는 어떠한 외부의 평가도 필요하지 않습니다. 그러기에 남이 알아주어도 태연하고 남이 알아주지 않아도 태연할 수 있는 것입니다. '성내지 않는다.不慍'라고 함은 남이 알아주지 않아도 마음속에 성내는 마음이 싹트지 않는 것을 말하며, 이 경지에 이르면 덕德을 완성한 사람이라 일컫습니다. 이러한 사람에게서 우리는 학문의 절실함과 사변思辨의 분명함 그리고 내행內行의 독실함을 볼 수 있습니다. 한 권의 『논어』를 이러한 방식으로 읽어 나가면 됩니다. 중략

보내온 편지에서 자신에 대해 "경솔하고 천박하다."라는 표

현을 썼는데, 이는 단지 젊은 나이에 기운이 뻗치고 생각이 지나쳐서 사소한 기분도 조절하지 못하기 때문에 그렇게 말한 것이라 생각합니다. 무릇 배운 것이 완전히 익지 않으면 누구나 이 정도의 문제는 가지고 있습니다. 이미 이 점을 알고 있으니, 그것을 없애는 것 또한 무엇이 어렵겠습니까. 옛 성현의 말씀에 "병통이 있음을 알아서 제거하고자 한다면 단지 제거하고자 하는 그 마음이 바로 병통을 제거하는 약이 된다."라고 하지 않았습니까. 그러니 그대에게 무슨 병통이 있는지 분명하게 인식하기 바랍니다.

비유하자면 그대의 몸에 지저분한 점點 하나가 있다고 합시다. 그대가 이 점을 없애야 한다는 것을 알고 있다면 어찌 평생토록 그대로 놓아둘 리가 있겠습니까. 단지 염려스러운 부분이 있다면 주변에서 검은 피부를 가진 사람들을 자주 보다 보니 이 정도의 지저분한 점이야 문제될 것이 없다고 스스로 생각할 수 있다는 것입니다. 예나 지금이나 학문을 성취하지 못하는 것은 필시 '그쯤이야 문제될 것이 없다.'라는 생각이 일을 그르치기 때문입니다.

이는 더러 마음가짐이 중후하지 못한 데에서 비롯되기도 합니다. 공자가 "중후하지 않으면 위엄이 서지 않아 배운 것이 견고해지지 않는다."라고 하였으니, 병통을 제거하는 약을 성인이 이미 다 말씀해 놓았습니다. '충신忠信' 즉 최선을 다하는 자세와 진실하게 임하는 자세는 그 가운데 가장 적합한 약제입니다. 최선을 다하지도 않고 진실하게 임하지도 않았는데 어느새 제거되는 경우가 더러 있기는 하지만 이는 의도적으로 제거하지 않아도 저절로 없어지는 병통들입니다.

이른바 "자기와 같지 않은 사람을 벗하지 말라."라는 말은 나와 뜻이 같지 않은 사람을 벗하지 말라는 것이지 학문이 나보다 못한 사람을 벗하지 말라는 말이 아닙니다. 나와 뜻이 같지 않으면 틀림없이 나를 그르치게 하여 배운 것이 견고해지지 않습니다. 앞에서 "신중히 처신하여 시속에 물든 선비들과 어울려 다니지 말라."라고 한 말이 바로 이것입니다. 말을 가려서 할 줄 몰라 너무 길어지고 말았으나 그대가 내 뜻을 이해하여 탓하지는 않으리라 믿습니다.

권철신과 함께 성호의 말년 제자인 이지승李祉承 1736~?에게 보낸 편지이다. 이지승 또한 성호의 친구인 이찬李潔 1681~1739의 손자이다. 이 편지는 공부하는 방법에 대해 다루고 있다. 당시의 학자들은 자신의 학문을 과시하기 위해 주자의 문집인 『주자대전』을 읽는 데에 경쟁적으로 매달리느라 유학의 기본 경전에 대한 공부를 소홀히 하는 경향이 있었다. 『주자대전』은 총 121권의 방대한 분량이라 전체를 다 읽기는 여간 어려운 일이 아니었다. 그래서 퇴계는 이를 해결하기 위해 『주자대전』의 편지 가운데 학문적으로 중요한 것만을 뽑아 『주자서절요』를 만들었고, 정경세鄭經世는 이 책의 편집 방식에 따라 나라를 다스리는 데 중요한 문장을 뽑아 『주문작해』를 편집하였고, 다시 송시열宋時烈이 이 두 책을 합쳐 『절작통편』을 만들었다. 주자의 문집에 대해서는 이 정도 독서면 충분하다고 성호는 생각하였다. 그 나머지 시간은 경전을 공부하라는 것이다. 사람의 능력에는 한계가 있기 때문이다.

성호가 권장하는 책은 단연 『논어』이다. 특히 "배우고 때로 익히면 또한 기쁘지 아니한가. 벗이 먼 곳으로부터 찾아오면 또한 즐겁지 아니한가. 남이 알아주지 않아도 성내지 않으면 또한 군자가 아닌가.學而時習之 不亦說乎 有朋自遠方來 不亦樂乎 人不知而不慍 不亦君子乎"라고 한 『논어』의 첫 구절은 학문하는 사람이 취해야 할 가장 기본적인 자세에 대해서 말해 주고 있다.

마지막으로 자신의 성격이 경솔하고 천박하다고 자책하는 이지승에게 이번에도 『논어』의 "군자가 중후하지 않으면 위엄이 서지 않아 배운 것이 견고해지지 않는다. 충신을 주로 하며, 자기와 같지 않은 사람을 벗하지 말 것이며, 허물이 있으면 고치기를 꺼리지 말라.君子不重則不威 學則不固 主忠信 毋友不如己者 過則勿憚改"라는 구절을 인용하여 답해 주고 있다. 옛 학자들이 모든 책 가운데 『논어』를 가장 중요하게 여겼던 이유를 이 글을 통해서 엿볼 수 있다.

종손 가환에게
書寄姪孫家煥

내가 깊은 골짜기에서 은거하고 있을 적에, 조카 경명景命 이용휴에게 아들이 있다는 말을 듣고는 내가 자랄 때의 경험에 비추어 '느긋하게 돌아다니면서 휩쓸리는 말세末世의 습속에서 벗어나지 못하던 소싯적 나의 모습과 별반 다르지 않겠지.'라고 억측하였다.

그가 관례冠禮를 치르고 이름을 가환家煥이라고 하였는데, 그 아비가 나에게 보낸 편지에서 "아이가 옛사람을 흠모하고 배움에 뜻을 두었습니다."라고 하였다. 내가 그 편지를 읽고 경탄하며 다음과 같이 말해 준다.

"타고난 자질이 특별히 빼어난 사람은 비록 나이가 어리더라도 듣고 보는 것 때문에 뜻이 변하지 않으며, 세속에 초탈한다. 못난 나는 세상에 나무보다 큰 물고기가 있다는 것을 모르는 산골의 무지렁이나 마찬가지일 뿐이었다. 가환이 이러한 자질을 바탕으로 잘 수양하여 우뚝하게 걸출한 재능을 성취한다면 어찌 우리 집안만의 사사로운 경사이겠는가. 장차 세상에 나가 태평성대에 출현하는 상서로운 봉황이나 기린처럼 된다면, 가환이 바로 봉황이나 기린 그 자체가 아니라고 할 수 없을 것이다.

그러나 세속에는 학문을 한다고 이름을 내건 사람이 없다. 설령 때로 그러한 사람이 있을지라도 명성을 위해 학문을 할 뿐이니, 옛사람을 흠모하는 마음은 전혀 없다고 할 수 있다. 만약 정말로 마음속 깊이 옛사람을 좋아하여 배우고자 하는 큰 뜻을 포기하지 않는다면, 또한 어찌 옛사람만 못함을 걱정하겠는가. 『주역』에 '옛 성현들의 말씀과 행실을 많이 알아 자신의 덕을 쌓는다.'라고 하였는데, 육경과 사서가 눈앞에 찬란하여 선현의 말씀과 행실이 여기에 기록되어 있으니, 그 말씀을 말하고 그 행실을 행한다면 어찌 학문이 성취되지 못할 것을 걱정하겠는가.

하지만 아주 예외적인 경우도 있으니, 외적인 유혹이 해치는 경우이다. 외적인 유혹에는 두 가지가 있는데, 이단은 여기에 포함되지 않으니, 어찌 일찍이 노장老莊이나 불교가 사람을 잘못되게 하는 것을 보았는가. 어지러운 풍속이 사람을 몰아대는 것이 몽둥이나 칼보다 심하고, 과거 공부가 뜻을 빼앗는 것이 음식과 여색女色보다 심하다. 옛말에 '아홉 명이 갓을 쓰고 한 명이 맨상투이면 맨상투인 사람이 갓 쓴 사람을 부러워하게 되므로 갓을 쓴 것이 낫고, 아홉 명이 맨상투이고 한 명이 갓을 썼으면 갓 쓴 사람이 도리어 맨상투를 부러워하게 되므로 맨상투가 낫다.'라고 하지 않았던가. 자신의 주변에서 보고 본받아 익숙해지면 풍속이 되니, 마치 배를 타고 바다를 항해하다 바람이 몰아치고 파도가 일면 자신도 모르는 사이에 남북의 위치가 바뀌는 것과 같다.

비록 학문이 막힘이 없는 경지에 이르렀다고 하더라도 신중에 신중을 기하지 않는다면, 또한 희롱하는 마귀의 공격을 받아 허물어지지 않으리라 어떻게 보장하겠는가. 비유하자면, 평범한 정원의 풀이 비바람에 꺾이면 다 똑같이 보아 넘기고 괴이하게 여기지 않기도 하지만, 혹시라도 향기로운 지초芝草나 빼어난 난초蘭草가 그 사이에 섞여서 아깝게 죽었다면 사람들이 몹시 애석해하는 것과 같다.

이러한 것은 어진 부형父兄이 면려하고 이끌어 주는 데에 달려 있다. 나는 올해 78세나 되어 언제 죽을지 모르는 목숨인지라 가환이 몸에 날개를 달고 창공으로 날아오르는 것을 보지 못하는 것이 한스러울 뿐이다."

이가환李家煥 1742~1801에게 써 준 글이다. 이가환은 이명진의 양자가 된 성호의 넷째 형 이침의 손자로, 아버지는 이용휴이다. 성호는 일찍 돌아가신 형님을 대신하여 어린 조카 이용휴와 이병휴를 돌보았고 이용휴와 이병휴는 성호에게 수학하였으니, 아버지 같은 숙부

이자 스승이었을 것이다. 성호의 처지에서도 일찍 죽은 아들 이맹휴를 대신할 아들 같은 조카여서, 이병휴의 아들 이삼환李森煥과 이용휴의 아들 이가환도 성호의 관심과 사랑을 듬뿍 받은 것으로 보인다.

78세의 성호는 이제 막 관례를 치른 17세의 이가환이 옛사람을 흠모하고 배움에 뜻을 두었다는 이용휴의 편지를 받고 매우 기뻐하면서 훌륭히 성장하여 봉황이나 기린 같은 존재가 되기를 기대하며 학문의 기본 자세를 일러 주었다. 우선 육경과 사서에 바탕을 둔 학문을 하되 세상의 풍속과 과거 공부에 휩쓸려 본래의 목적을 잊어서는 안 된다고 제시하고 나서, 신중한 태도로 학문을 하고 부형의 인도를 받으라고 당부하였다.

성호의 당부는 요약하면 네 가지 정도인데, 본격적으로 학문의 길에 들어선 장래가 촉망되는 손자에게 해 주는 가르침으로는 매우 간단하다는 느낌이 든다. 성호는 이가환이 훌륭한 인재로 성장할 것을 의심하지 않으면서 나이가 많아 그의 장래를 함께할 수 없다는 점을 슬퍼하였다. 이 때문에 훌륭한 자질을 가진 사람이 범하기 쉬운 잘못에 대해 경계하는 말을 해 주는 데 초점을 맞춘 듯하다.

다산 정약용은 이가환의 묘지명에서 "공은 기억력이 뛰어나 한번 본 글은 평생토록 잊지 않고 한번 입을 열면 줄줄 내리 외는 것이 마치 호리병에서 물이 쏟아지고 비탈길에 구슬을 굴리는 것 같았으며……" 라고 하였는데, 이가환의 비범한 자질은 일찍부터 드러난 듯하다. 성호는 같은 해 이가환의 아버지 이용휴에게 보낸 편지에서는 이가환이 열심히 공부하고 있는지 물은 다음, 이가환이 과거에 응시하는 것을 허락하지 않은 일에 대해 칭찬하였다.

또 성호는 둘째 형 이잠이 16세에 진사시에 합격하자 사람들이 모두 곧 대과에 급제할 것이라고 하였는데, 너무 일찍 명성이 드러나는 것을 경계한 부친 이하진의 뜻에 따라 대과에 응시하지 않았다고 하면서, 할아버지의 뜻을 잘 이어받은 것이라고 평가하였다. 실제 이가환은 30세인 1771년에 생원시와 진사시에 연이어 합격하고 36세인 1777년에 대과에 급제하였으니, 일찍 세상에 드러나는 것을 경계한 집안의 가르침을 잘 따른 결과였을 것이다.

『성호전집』에는 이가환이 훈계의 글을 청하자 성호가 써서 보내 준 글이 한 편 더 있는데, 뜻을 크게 가질 것, 사유思惟를 학문의 근원으로 삼을 것, 몸가짐을 중후하게 할 것 등 8조목으로, 학문하는 사람이 견지해야 할 태도에 대한 가르침이다.

성호가 막 청년기에 접어든 이가환에게 학문의 기본적인 태도를 전수하였다면, 이가환은 서울에서 공부하고 벼슬하면서 성호의 학문을 다산 정약용 등에게 소개하였다.

제4장

후세에 전해지지 못할까

옛날에는 책이 없었는데, 성인이 학문이 전해지지 못할까 염려하여 자신의 학문을 책에 담아 후세에 알려 주었다고, 성호는 제자에게 책이 생기게 된 까닭을 이야기해 주었다. 그래서 책에는 죽지 않은 성현의 마음이 담겨 있으니, 책을 읽으면 직접 가르침을 받는 것이나 마찬가지라고 생각하였다.

성호는 다양한 분야의 많은 책을 읽었는데, 자신의 학문을 형성하는 데뿐만 아니라 제자들에게도 상당한 영향을 끼쳤다. 그리고 자신의 학문을 저술로 정리하는 일도 게을리하지 않았다. 성호가 남긴 글을 문체별로 분류한 68권의 『성호전집』 외에도 많은 저술이 있는데, 『이자수어』, 『사칠신편』 등에는 퇴계의 학문을 계승한 성호의 성리학적 사유가 담겨 있다.

『맹자』 등 경서를 읽으면서 정리한 11종의 질서疾書는 30대부터 저술을 시작하여 70대까지 제자들과 토론을 거치며 수정을 거듭하였다. 폭넓은 독서와 사유의 기록인 『성호사설』과 당시 유행한 속담을 모아 놓은 『백언해』에는 성호의 실학사상과 다양한 학문 분야에 대한 관심이 담겨 있다.

자신의 저술이 아니어도 중요한 책에 대한 의견을 발문 형식으로 기록해 둔 것도 많은데, 우리나라 역사와 정치 등은 물론 천주교, 천문학, 지리학 등 서학西學이라 불린 서양의 종교와 과학 기술, 그림이나 음악, 서예까지 폭넓은 관심과 지식을 가진 성호의 모습을 만나는 기회가 될 것이다.

『이자수어』 서문

李子粹語序

주周나라가 쇠락하자 그 예禮가 노魯나라에 남아 있게 되었는데, 공자가 고국인 노나라로 돌아와 이것을 체계화하여 후세에 전하였다. 그로부터 1500여 년이 지나 주자朱子가 선왕先王의 도道를 크게 밝히자, 천하 사람들이 모두 이를 따랐다. 즉, 주나라의 예가 다시 시행된 것이다.

우리나라는 은殷나라 태사太師인 기자箕子가 기틀을 세운 나라로, 그 유풍遺風이 아직도 없어지지 않고 남아 있다. 흰색을 숭상하는 풍속이나 정전법井田法의 흔적에서 이를 증명할 수 있다. 이러한 사례는 한두 가지가 아니어서 우리나라의 어진 풍속으로 보면 우리 모두가 은나라의 유민遺民이라 할 것이다.

2000여 년 뒤에 퇴계退溪 이자李子가 태어나 공자의 육경을 섭렵하고 주자의 학문에 귀의하였으니, 실로 은나라의 질박함 위에 주나라의 세련됨을 한층 더하여 매우 훌륭한 모습을 갖추었다 할 것이다. 그런데 오늘날의 중국은 예악이 땅에 떨어져 없어졌고 선왕의 옛 의관은 오히려 우리나라에 잘 보존되어 있으니, 이는 아마도 하늘의 뜻일 것이다. 지금 다행히도 우리나라에 태어난 사람이라면 퇴계의 말씀을 따라 말하고 퇴계의 행실을 따라 행하여 우리 유학의 맥을 지켜 가려고 해야 하지 않겠는가.

나는 나중에 태어나서 퇴계의 제자가 될 수 없었던 탓에 단지 그분의 책만을 읽고서 감동을 느낄 뿐 그분이 하신 말씀에 대해서는 자세히 알지 못하여 이를 매우 부끄럽게 여겼다. 그래서 그분의 말씀 가운데 긴요한 것들을 뽑아서 기록해 놓고 그 책을 『도동편 道東編』이라 이름하였다.

그 후 40여 년이 지나도록 손보지 못하고 있었는데, 나의 벗 안백순安百順 안정복이 벗들과 함께 첨삭을 한 다음 주자의 『근사록 近思錄』 체재에 따라 다시 편집하고 싶어 하였다. 이는 평소 내가 바라던 바였다. 하지만 나는 정신이 혼미하여 이 일에 직접 나설 힘이 없었으므로 안백순에게 부탁하여 윤유장尹幼章 윤동규과 함께 깊이 상의하여 그 일을 추진하도록 하였다. 책이 완성되자 그 제목을 바꾸어 『이자수어 李子粹語』라고 하였다.

『이자수어』는 성호가 30대에 퇴계의 말씀 가운데 중요한 내용만 뽑아서 주제별로 엮은 책이다. 처음에는 『도동편』이라는 제목을 붙였으나 73세이던 1753년 영조 29에 제자인 안정복과 윤동규에게 부탁하여 교정을 하고 주자의 『근사록』 체재에 따라 다시 편집한 다음 『이자수어』로 고쳤다. '퇴계'라는 호를 쓰지 않고 '이자李子'라고 씀으로써 공자, 맹자, 주자를 대하듯 최고의 존경심을 표현하였다. '수어粹語'는 말씀 가운데 정수만을 뽑아 놓은 것이다. 성호는 안정복에게 이 책의 교정을 부탁하면서 이렇게 말하였다.

"제가 평소 존모한 분은 오직 이자뿐입니다. 그분의 조예를 저는 감히 알 수 없습니다만, 그분의 기상은 온화하고 공손하며 화평하고 돈후하여 오직 허물을 줄이기에 여념이 없으셨습니다. 비록 제자의 말이라도 상대와 나를 구별 짓지 않고 단지 의리가 어디에 있는지를 살펴보셨을 뿐이었습니다. 이 점은 제가 배우려고 하지만, 아직 배우지 못했습니다."

퇴계에 대한 존경심이 어느 정도였는지 알 수 있는 대목이다. 한편 도가 동방에 전해졌다는 의미인 『도동편』이라는 처음의 제목에서 보듯이 유학의 중심이 만주족이 지배하는 중국을 떠나 우리나라에 있음을 표현하고 있는데, 그 중심에 퇴계를 둔 것이다.

『맹자질서』 서문
孟子疾書序

질서疾書라는 것은 무슨 뜻인가? 생각이 떠오르면 곧장 기록하는 것이다. 이는 금방 잊을까 염려한 까닭이다. 깊이 이해하지 못하면 잊어버리게 되고, 잊으면 그 생각이 다시 떠오르지 않는다. 때문에 깊이 이해하는 것이 가장 좋은 방법이고 재빨리 기록해 두는 것은 그다음이다. 하지만 이 또한 깊이 이해하기 위한 하나의 방법이다.

내가 『맹자』 공부에 힘을 쏟은 지 아주 오래되었다. 예전에 처음 이 책을 읽다가, 중요한 내용을 보는 대로 기록해 놓지 않으면 나중에 기억이 나지 않겠다고 문득 생각하고는, 항상 붓과 종이를 휴대하고 다니면서 생각이 떠오르면 반드시 기록해 두었다. 그때 마침 아들을 낳아 이름을 짓게 되었는데 이름에 '맹孟' 자를 넣어 그 기쁨을 표현하기도 하였다. 지금 다섯 해가 지나 아이가 서책을 들고 내 방에 자주 드나들면서 함께 강론할 정도의 세월이 흘렀다. 하지만 내가 이 책을 다듬는 일은 마치 바람이 부는 뜰에서 아무리 쓸어도 낙엽은 계속 떨어지듯 끝내 손을 놓을 수가 없어서 지금도 완전하게 이해하지 못한 부분이 여전히 많이 남아 있다. 그나마 당시에 재빨리 기록해 두지 않았더라면 지금 거의 잊고 말았을 것이다. 주자朱子가 "초학자는 반드시 책자를 비치해 두고서 터득한 견해를 그때그때 기록해 두어야 한다."라고 말씀하였는데, 주자가 어찌 우리에게 거짓말을 했겠는가.

『맹자』에서부터 질서를 시작한 것은 무엇 때문인가? 공자가 세상을 떠나자 『논어』가 만들어졌고, 증자가 이를 계승하여 『대학』의 의미가 밝아졌고, 자사子思가 이를 전수하여 『중용』이 세상에 전해졌으며, 맹자가 이를 명쾌하게 설명하여 일곱 편의 『맹자』가 지어졌다. 따라서 『맹자』는 나중에 나왔으나 내용은 가장 상세하다. 후대에 나왔으므로 우리에게 더욱 친근하고 내용이 상세하므로 의미가 더욱 잘 드러난다. 그러므로 공자의 요지를 잘 이해하려면 반드시 『맹자』부터 시작해야 한다. 중략

아, 주자는 맹자를 높이 받들었고 후인들은 주자를 높이 받들었는데, 후인들이 주자를 높인 것이 오히려 주자가 맹자를 높인 것보다 더한 듯하다. 현인賢人이 성인聖人처럼 되기를 바라고 일반 선비가 현인처럼 되기를 바라는 것은 아주 자연스러운 현상이다. 현인은 지혜가 능히 성인에 미치기 때문에 일찍이 존모하는 마음이 독실하다 하여 맹자의 기상이 미진한 부분에 대하여 숨긴 적이 없었다. 하지만 일반 선비는 그

아래 단계에 있었기 때문에 주자의 『맹자집주孟子集註』에 대해서 시비를 일삼지 않았으니, 이른바 "자기 자신의 생각을 믿지 않고, 믿을 만한 사람의 생각을 믿는다."라는 것이다. 이것이 비록 학자의 바른 태도이기는 하지만, 주자의 견해를 독실하게 믿고 따른 뒤에도 혹 풀리지 않은 의혹이 생기면 강습할 때 이 문제를 드러내거나 책자에 가만히 기록해 두었다가 나중에 깨우치기를 구해야 할 것이니, 이러한 학습 태도 또한 없어서는 안 된다. 그런데 이렇게 하면 사람들은 번번이 윗사람을 비난한 죄로 다스린다. 죄를 다스리는 데에 나름의 의도가 있는 듯이 보이지만, 아무리 그래도 엄격한 법과 가혹한 형벌을 어찌하여 공자의 문하에서 쓴단 말인가. 그래서 나는 이러한 지금의 학자들을 유가儒家의 신불해申不害와 상앙商鞅이라고 생각한다. 이에 맹목적으로 따르기만 하는 풍조가 만연하고 학문을 진지하게 연구하는 습성은 사라져서 점차로 학문이 없는 지경에까지 이르렀으니, 이는 지금 학자들의 잘못이다.

옛글에 "스승을 섬김에 숨김이 없어야 한다."라고 하였다. 이는 의심을 품는 것을 금지하지 않은 것이다. 아랫사람이 공부에 진전이 있기를 바라면서 윗사람의 생각에 한 점의 의심도 없다고 스스로 말한다면 이는 어리석은 사람이거나 윗사람에게 아부하는 사람이다. 나는 실로 이러한 태도를 취하는 것을 수치로 여긴다. 이런 까닭으로 정전井田을 구획하고 정월正月을 정하는 따위에 대해 주제넘게 내 나름의 학설을 제기하여 미진한 뜻을 보완하려고 하였다. 이 두 가지는 모두 주자가 예전에 의심을 품었던 부분이다. 의심을 품었다는 것은 다른 사람이 말할 수 있는 길을 열어 놓은 것이다. 나의 학설이 들어맞지 않는다면 그 책임은 학설을 주장한 나에게 있으니, 『맹자집주』의 권위에 무슨 손상이 있겠는가. 주자께서 황천에서 다시 살아난다면, 반드시 학문의 진보를 구하는 나의 마음을 애처롭게 여겨 내 주장이 들어맞지 않는 것에 대해 책임을 묻지 않으실 것이다. 후략

질서疾書의 '질' 자는 빠르다는 뜻이다. 이 말은 본래 북송 때 성리학자 장재가 "터득한 바가 있으면 얼른 기록하였다.妙契疾書"라고 한 말에서 비롯되었다. 성호는 젊을 적에 『맹자』를 공부하면서 자신의 견해를 수시로 기록하여 이 책을 완성하였다. 그 후로도 이러한 방식의 공부는 계속되어 『대학』, 『소학』, 『논어』, 『중용』, 『근사록』, 『심경』, 『주역』, 『서경』, 『시경』, 『가례』에 대해 차례로 질서를 지었다. 『맹자질서』를 짓고 있는 도중에 아들을 낳게 되자 그 이름을 맹자의 '맹' 자를 써서 '맹휴孟休'라고 부를 정도로 이 책에 깊이 빠져 있었다. 주자의 경전 해석을 절대적으로 신봉하는 당시 분위기에서 이에 반하

는 학설을 내세운다는 것은 위험천만한 일이다. 『독서기讀書記』를 지은 남인 계열의 윤휴1617~1680와 『사변록思辨錄』을 지은 소론 계열의 박세당朴世堂 1629~1703이 주자의 해석을 비판하고 자신의 학설을 내세웠다는 이유로 노론 학자들에게 사문난적斯文亂賊으로 매도되고 있었기 때문이다. 이러한 분위기는 마치 중국의 전국 시대에 가혹한 법으로 사상을 통제했던 신불해와 상앙을 연상시킨다고 성호는 말하고 있다.

『맹자질서』에서 주나라의 토지 제도인 정전법과 하나라, 은나라, 주나라의 정월을 따지는 문제에 대해 주자의 학설을 따르지 않고 자신의 학설을 내세웠는데, 성호는 이것이 내심 마음에 걸렸던 모양이다. 이 글에는 주자의 학설을 맹목적으로 추종하지 않고 매사에 의심을 가지고 자신의 견해를 정리한 성호의 진지한 학문 태도가 잘 나타나 있다.

『사칠신편』 서문
四七新編序

귀와 눈이 없는 사람은 없지만, 소리와 빛깔이 드러난 것을 분별하지 못한다면 이는 귀와 눈이 없는 자이다. 마음이 없는 사람은 없지만, 성정性情의 오묘한 이치를 살피지 못한다면 이는 마음이 없는 자이다. 귀나 눈이 없으면 귀머거리나 장님이라고 부르니, 이것은 육체에 병이 있는 것이다. 마음이 없으면 어리석은 자라고 부르니, 이것은 마음에 병이 있는 것이다. 육체에 병이 있으면 그 해독이 사물을 분별하지 못하는 것에 그치지만, 마음에 병이 있으면 스스로 설 수 없어서 몸도 따라서 망하게 된다. 그런데 사람들은 단지 귀가 안 들리고 눈이 안 보이는 것이 근심거리라는 것만을 알 뿐, 어리석음을 가장 싫어해야 한다는 것은 모르니, 미혹된 것이다.

마음이라는 것은 무엇인가? 성性의 외성外城이다. 성에는 움직임과 고요함이 있는데, 마음이 그것을 모두 주재主宰한다. 움직임에 기미가 있어서 사단四端과 칠정七情이라는 명칭이 생겼다. 그러므로 은미한 가운데 각기 단서가 있으니, 그것을 확충하면 온 천지가 따스하고 화창한 봄날처럼 될 것이고,

그것을 버려두면 타오르는 불이나 얼어붙은 얼음처럼 될 것이다. 만약 몸을 수양하고 행실을 단속하려고 한다면 이것을 버려두고 무엇을 근본으로 삼겠는가. 그러므로 옛날 실질에 힘쓰던 사람들은 대체로 여기에 힘을 쏟음으로써 반드시 근원을 탐구해 도달하여 순수하게 되지 않은 경우가 없었던 것이다. 중략

오직 말을 아는 군자만이 말로써 뜻을 이해하고 뜻으로써 실제를 체험하므로, 나누어 둘로 만들어도 서로 뒤섞어 합하는 것에 문제가 없고 합하여 하나로 만들어도 조리條理에 어긋나지 않을 수 있다. 그러므로 주자가 이른바 "사단은 이理가 발發하는 것이고, 칠정은 기氣가 발하는 것이다."라고 한 두 구절이 모든 것을 종합한 공안公案이 되는 것이니, 여러 학설을 참고해 보아도 거리끼거나 막힐 염려가 없다. 퇴계 선생이 처음 추만秋巒 정정이鄭靜而 정지운鄭之雲의 학설을 계기로 이러한 논리를 세웠는데, 주자가 마음으로 전한 요결要訣을 보고는 그것이 정확하다는 것을 더욱 확신하고 화두로 삼아 배우는 이들을 가르쳤다. 이것은 정신으로 이해하고 마음으로 터득하여 말을 하지 않고도 서로 부합된 것이다. 당시의 걸출한 선비인 기고봉奇高峯 기대승奇大升 같은 사람도 오히려 바로 의미를 이해하지 못하여 변설辨說한 것이 책 상자에 가득 찰 정도였다. 그런데 마침내 돌이켜 바른 곳으로

돌아오자 경서를 연구하는 학자들 사이에 비로소 이견이 없게 되었다. 이율곡李栗谷 이이가 나와서 다시 이 화두를 꺼내어 지은 장편長篇의 글이 수만 글자에 이르렀는데 그 글에서 "고봉의 애초 의견이 처음부터 옳았다."라고 하였다. 그 후로 당쟁이 시작되어 세상의 분위기가 편파적으로 흘러서 상대방을 배척하는 데에만 골몰하여 모두들 반대편을 의심하고 성토하느라 더 이상의 담론은 진행되지 못하였다.

나는 일찍부터 이에 관한 글을 읽고 궁리해 보았으나, 요령을 얻지 못하여 문득 마음이 권태로워져 그만두려고 한 적이 한두 번이 아니었다. 일찍이 '퇴계는 비록 상세하고 갖추어진 것 같지만 간혹 명료한 점이 부족하니, 차라리 이것을 버리고 저것을 따를까?'라고 혼자 생각하였는데, 또 주자의 증거가 있기 때문에 감히 그렇게 하지 못하였다. 얼마 뒤에 '의리는 천하의 공평한 물건이다. 옛사람은 옛사람이고 지금 사람은 지금 사람이니, 어찌 꼭 같겠는가.'라는 생각이 들었다. 이에 사단과 칠정이 언급된 『맹자』와 『예기』「예운禮運」 등을 가져다 서로 참고하여 궁구해 보니 홀연 합치되는 점이 있었으며, 그것을 마음으로 체험하고 일로 체험해 보니 그 의미를 더욱 이해할 수 있었다. 그리고 그것을 돌이켜 퇴계의 글에서 탐구해 보니, 비로소 확실하게 징험할 수 있었다. 이에 비로소 바다의 어지러운 물결처럼 분잡한 담론은 본래 초학자가 요점을 파악할 수 있는 비결이 아니라는 사실을 깨달았으며, 선생의 글이 단순히 말뿐이 아니라는 것을 거듭 확신하게 되었다. 나는 이것을 가지고 먼저 깨달은 사람에게 가서 질문하려고 하였으나, 생각이 일어나자마자 바로 막혀서 고증할 바탕으로 삼을 수 없게 될까 두려웠다. 그래서 마침내 이 편編을 완성하였다. 감히 후세에 전할 만한 공적을 이루고자 해서가 아니라, 다만 일록日錄 따위처럼 손이 가는 대로 기록했을 뿐이다. 훗날 혹시라도 하늘의 깨우침을 받고 한 걸음 더 진보하여 어리석은 사람으로 생을 마치는 신세가 되지 않는다면, 이 편이 내 눈에 크게 해괴하게 보이지나 않을는지 모르겠다. 그러므로 스스로 경계하여 혹시라도 경솔하게 내 손에서 벗어나지 않도록 할 것이다.

『사칠신편』은 사단과 칠정에 대한 성호의 견해를 밝힌 해설서로, 1권 1책의 필사본으로 전해진다. 총 17편으로 구성되어 있는데, 각 편들은 유교 경전과 성리학자들의 글을 채록하고 자신의 견해를 밝히는 방식으로 기술되어 있으며, 고봉 기대승과 율곡 이이의 견해를 비판하고 퇴계의 주리적主理的 입장을 옹호하였다. 하지만 성호의 의도와는 달리 율곡을 추종하는 기호학파는 물론 영남의 퇴계학파에게도 논란의 대상이 되어 영남의 학자들로부터 "퇴계를 버리고 율곡에게 나아갔다.舍退就栗"라는 의혹을 받기도 하였다.

사단은 『맹자』에 나오는 측은지심惻隱之心, 수오지심羞惡之心, 사양지심辭讓之心, 시비지심是非之心이고, 칠정은 『예기』「예운」에 나오는 기뻐하고喜, 성내고怒, 슬퍼하고哀, 두려워하고懼, 사랑하고愛, 미워하고惡, 욕심내는欲 마음이다.

『성호사설』 서문
星湖僿說序

『성호사설』은 성호옹이 생각나는 대로 지은 글이다. 옹이 이 『사설』을 지은 뜻은 무엇인가? 아무런 뜻이 없다. 뜻이 없는데, 무슨 까닭으로 이것을 지었는가? 옹은 한가한 사람이다. 독서하는 여가에 남들처럼 전기傳記에서 얻기도 하고, 제자백가나 문집에서 얻기도 하고, 시가詩家에서 얻기도 하고, 전해 들은 이야기에서 얻기도 하고, 우스개에서 얻기도 하였는데, 웃고 즐길 만한 것 중에서 보존하여 볼만한 것을 붓 가는 대로 어지럽게 기록하니, 어느덧 글이 많이 쌓이게 되었다. 처음에는 잊지 않기 위하여 책에 기록하였는데, 이미 책 끝에 제목을 나열하고 보니, 제목을 또한 두루 살펴볼 수가 없었으므로 이에 부문部門을 나누고 유별類別로 넣어서 마침내 권질卷帙을 이루었다. 그리고 이름이 없을 수 없기에 '사설'이라고 이름하였으니, 부득이하여 붙인 것이지 의미를 부여한 것은 아니다.

옹은 20년 동안 경서를 연구하면서 성현이 남기신 뜻을 보고 이해하여 각기 설說을 만든 것이 있다. 또한 저술을 좋아하였는데 사물에 의탁하여 남들과 주고받으며 읊은 시詩와 서序, 기記, 논論, 설說은 별도로 채록해 두었다. '사설'과 같은 것은 앞의 몇 가지 문체에 실을 수 없으니, 그것은 분명 쓸모없는 말이다. 속담에 이르기를 "나 먹자니 싫고 버리기는 아깝다.我食屬厭 棄將可惜" 하였는데, 이것이 『사설』을 지은 까닭이다.

무릇 하나라, 은나라, 주나라는 각기 숭상한 것이 달랐는데, 주나라는 문文을 숭상하였다. 문의 말류末流는 소인小人의 사소한 일들이다. 주나라 이후로 문이 순수한 데로 돌아가지 못한 지 오래되었다. 일반 백성은 그 폐단이 더욱 심해지기 마련이라 우리 같은 소인배들은 세상 사람들이 하는 대로 걸핏하면 말이 많아지는 것을 이 책을 통해 볼 수 있다. 그러나 거름과 지푸라기는 지극히 천한 물건이지만, 논밭에다 뿌리면 좋은 곡식을 기를 수 있고 아궁이에 불을 때면 맛있는 반찬을 만들 수 있다. 글을 잘 볼 줄 아는 자가 이 책을 보고서 채택한다면 또한 백 가지 중에 한 가지 정도는 얻을 것이 없겠는가.

『성호사설』은 성호가 평소에 학문을 하면서 생각나고 의심나는 것을 적어 두었던 것과 제자들의 질문에 답변하는 과정에서 정리한 글들을 모아 엮은 책으로, 이수광의 『지봉유설』과 유형원의 『반계수록』을 잇는 조선 후기 실학의 대표적인 문헌이다. 「천지문」, 「만물문」, 「인사문」, 「경사문」, 「시문문」 등 다섯 분야로 나누어 총 3007편을 수록하고 있다.

그 속에는 당시의 현안이던 토지, 군사, 교육 등 각종 제도에 대한 개혁안과 천문, 지리나 서양 학문, 유교 경전, 시문학 등에 대한 해박한 식견이 들어 있다. 이는 성호의 열렬한 학구열은 물론이요, 편지를 통한 제자들과의 진지한 토론, 그리고 부친 이하진이 1678년에 중국에 사신으로 갔을 때 구입해 온 수많은 서적들이 있었기에 가능하였다.

『성호사설』은 그의 문집인 『성호전집』과 내용상 아주 밀접한 관계가 있다. 예를 들어 역사에 대해 안정복이 편지로 질문하면 편지로 답장을 해 주고 이를 다시 정리하여 독립된 단편으로 저술하였다. 그런 다음 편지의 내용은 문집에 수록하고, 단편은 『성호사설』에 수록하였다. 따라서 성호의 생각을 완전하게 이해하기 위해서는 두 책을 동시에 읽어야 한다.

'사설 僿說'은 자잘하게 기록해 놓은 것이라는 뜻으로 성호가 겸사로 붙인 이름이다.

『백언해』 발문
百諺解跋

속담은 비속한 말이다. 여자나 어린아이의 입에서 입으로 만들어져 항간에 유행하는 것이기는 하지만 사람의 마음과 사물의 이치에 잘 맞아떨어져 아주 미세한 부분까지도 깊은 공감을 갖게 한다. 그렇지 않다면 어떻게 이처럼 널리 유포되어 오래도록 전해질 수 있었겠는가. 『시경』에 "시골 사람에게도 물어보라."라고 하였는데, 시골 사람이 하는 말은 본디 경전을 인용하거나 화려하게 꾸며 대어 듣기 좋거나 기분 좋게 할 만한 것이 없는데도 그 말을 채용하였으니, 이는 실제 일어나는 일들과 잘 맞아떨어지기 때문일 것이다. 경전에 보이는 것으로는 "자기 밭의 곡식 싹은 자라는 줄 모른다."와 같은 속담이 있는데, 책상 위에 올려놓고 후세 사람들에게 전파하였으니 이것이 시골 사람에게 물어본 증거라 하겠다. 이 말에 따라 집안일을 하고 나랏일을 처리하였으니 반드시 없어서는 안 될 것이다. 만약 그 말이 세상에 도움이 된다면 그것이 언제 말했는지 누가 말했는지 구분을 두겠는가. 따라서 이러한 속담은 분명 없어지지 않을 것이다.

나는 일찍이 뒷골목이나 한길에서 들은 속담이 있으면 그 때마다 수시로 기록해 놓았다. 그렇게 해 놓고 보니 한 시대에 통행된 방언이 세월이 지남에 따라 혹 가리키는 뜻이 달라지지 않을까 하는 염려가 또 생겼다. 이에 몇 마디 말을 덧붙여 그 뜻을 풀이해 놓고서 책 제목을 '백언해百諺解'라고 하였다. 여기에서 '백百'이라는 것은 구체적인 숫자를 가리키는 것이 아니라 대략적으로 말한 것이다.

『백언해』는 성호가 민간에 떠도는 속담들을 모아 여덟 자의 한문으로 기록해 놓은 책으로, 현재 전해지지는 않는다. 그러나 다행스럽게도 성호의 사위 이극성이 지은 『형설기문螢雪記聞』에 '백언해'라는 제목 아래 성호가 지었다는 설명과 함께 390편의 속담이 수록되어 있다.

일반적으로 속담을 비속한 말로 여겨 하찮게 여기는 경향이 있으나 성호는 사람들의 마음과 사물의 이치를 가장 잘 표현한 말로 보았다. 그래서 성현의 말씀을 기록한 고상한 유교 경전에서도 속담을 인용하였다고 하면서 그 예로 든 것이 『대학』에 "자기 밭의 곡식 싹이 자라는 줄 모르듯 자기 자식의 잘못은 잘 모른다."라고 한 속담이다.

성호는 다른 사람에게 보내는 편지에도 속담을 자주 인용하였다. 윤동규에게 보낸 편지에서 흉년에 대해 이야기하면서 "가뭄에는 남은 곡식이 있지만 장마에는 곡식 싹이 남지 않는다."라는 속담을 인용하였고, 안정복에게 보낸 편지에서는 국가에 놀고먹는 사람이 일하는 사람보다 많다는 표현을 강조하기 위해 "곧은 쇠는 많고 굽은 쇠는 적다."라는 속담을 인용하고 있다. 여기에서 곧은 쇠는 숟가락을, 굽은 쇠는 호미를 뜻한다. 『백언해』는 후대에도 영향을 주었다. 1820년에 나온 정약용의 『이담속찬耳談續纂』은 이 책을 참고하여 지었다.

『징비록』 발문
書懲毖錄後

현자를 추천하면 큰 상을 받는 것이 옛 법도이다. 신하 본인이 만약 현자라면 그가 죽는 순간 그가 하던 일도 끝이 난다. 하지만 현자를 추천한 경우라면 추천한 이가 죽어 없어져도 현자는 그대로 남게 되므로 그 사람에게 더없이 큰 상을 내리는 것이다. 이 때문에 한漢나라가 진평陳平의 한마디 계책으로 천하를 얻었지만 그를 추천한 위무지魏無知에게 먼저 상을 내렸으니, 한나라 때에 인재를 얻는 것이 이를 계기로 활발하게 되었다. 그리고 당唐나라의 적인걸狄仁傑은 자신의 부귀만을 도모하여 아무런 계책도 내세운 것이 없었지만 장간지張柬之를 천거한 한 가지 일만으로도 마침내 나라를 위기에서 구해 낸 공을 인정받았다. 만약 적인걸이 인재를 알아보지 못했다면 아무리 뛰어난 능력을 지닌 오왕五王*이라 하더라도 어떻게 힘을 쓸 수 있었겠는가.

* 오왕五王 : 측천무후則天武后를 폐하고 중종中宗을 옹립하여 당나라를 다시 일으킨 다섯 명의 반정 공신인 부양군왕扶陽郡王 환언범桓彦範, 한양군왕漢陽郡王 장간지張柬之 등을 말한다. 『구당서舊唐書』 권7 「중종본기中宗本紀」와 권91 「오왕열전五王列傳」에 보인다.

예전에 자공子貢이 신하들 가운데 현인이 누가 있느냐고 묻자 공자가 "제齊나라에는 포숙鮑叔이 있고 정鄭나라에는 자피子皮가 있다."라고 대답하였다. 그러자 자공이 다시 "제나라에는 관중管仲이 있고 정나라에는 자산子產이 있지 않습니까?"라고 물으니, 공자가 "너는 힘을 잘 쓰는 사람을 현인이라 들었는가, 아니면 뛰어난 인물을 추천하는 사람을 현인이라 들었는가? 나는 포숙이 관중을 천거하고 자피가 자산을 천거했다는 말은 들었어도 포숙과 자산이 자신의 뛰어난 능력을 천거했다는 말은 들어 보지 못했다."라고 하였다. 이처럼 성인의 가르침이 매우 분명하다.

사람들은 임진왜란 때 서애西厓 유 선생柳先生이 나라를 위해 활약하여 공로를 세웠다고 말한다. 하지만 이것은 선생에게는 조그마한 일에 불과하다고 나는 여긴다. 오히려 그보다 더 큰 공로가 있다. 당시에 나라를 잃지 않은 것은 오직 이 충무공李忠武公 한 사람이 있었기 때문이다. 처음 이 충무공은 일개 낮은 장수에 불과하였으니, 유 선생이 추천하지 않았더라면 일반 병사들과 함께 싸우다 세상을 떠난 이름 없는 존재가 되고 말았을 것이다. 그렇게 되었다면 나라를 중흥하여 안정시킨 공은 과연 누구를 통해 이룰 수 있었겠는가.

근세에는 이러한 옛 법도를 실행한 사례를 들어 본 적이 없다. 현인을 추천하기는커녕 이러한 인물에 대해 시기와 질투나 하고 있으니, 슬픈 일이다.

서애 유성룡이 지은 『징비록』을 읽고 그 말미에 자신의 느낌을 쓴 글이다. 『징비록』은 1592년부터 1598년까지 7년에 걸친 임진왜란의 정황을 상세히 기록한 책이다. 유성룡은 임진왜란 때 도체찰사都體察使, 영의정 등을 역임하였다. 하지만 이러한 그의 역할은 오히려 작은 일에 불과하다고 성호는 말하고 있다. 그의 가장 큰 공적은 이순신이라는 걸출한 장수의 능력을 미리 알아보고 임금에게 추천한 일이라고 하였다. 그가 없었다면 이순신은 일개 하급 장교로 전장에서 이름 없이 싸우다 전사하였을 것이기 때문이다.

중국 역사에서 그와 같은 사례로 위무지와 적인걸, 그리고 관포지교管鮑之交로 유명한 포숙을 들었다. 위무지는 한나라가 중국을 통일할 때 장량, 한신과 더불어 가장 큰 공을 세운 진평을 추천했고, 적인걸은 측천무후則天武后 말기의 혼란을 극복한 장간지를 추천한 인물이다. 이들은 자신들이 직접 세운 공적과 상관 없이 뛰어난 인물을 추천한 것만으로도 높이 평가되어야 한다고 보았다.

『목씨설원록』 발문
書睦氏雪冤錄

내가 예전에 형조의 하리下吏 한 사람을 본 적이 있는데, 그는 성격이 포학하고 범인을 잘 잡기로 이름이 나 있었다. 어느 날 동문東門 밖에 사는 어린아이가 도적에게 유괴되어 깊은 숲 속으로 끌려가 고환이 잘린 채 숨진 사건이 발생하였다. 아이의 아비가 이를 형조에 고발하자, 형조에서는 그 하리에게 도적을 잡아들이라고 명령하였다. 도적이 이미 도망하여 자취를 감춘 상태였으나 그는 하루도 되지 않아 범인을 잡아왔고, 사람들은 그 신속한 처리에 칭찬을 아끼지 않았다.

그러나 나는 마음속으로 이상한 생각이 들어 그를 불러다 물어보니, 그가 대답하기를 "남자의 고환은 성병의 일종인 천포창天疱瘡의 치료제로 쓰입니다. 남쪽 교외를 지나다가 길가에서 아주 힘겹게 소변을 누는 사람을 발견하고는 '이 사람이 천포창을 앓는 사람이구나.' 생각하고 잡아다 곤장을 세게 치며 끝까지 신문을 하니 과연 범인이 맞았습니다." 하였다.

내가 그 말을 듣고 한탄하기를 "도적은 동쪽으로 도망쳤는데 마치 북을 치자마자 소리가 나듯이 남쪽으로 가서 곧바로

잡아들였다니 어찌 이런 일이 있는가. 서울에 이 병을 앓는 자가 수없이 많은데 무슨 근거로 그 사람이 범인임을 확실히 알 수 있단 말인가." 하였다.

불같이 매섭게 독한 고문을 가하면 오직 죄를 인정하는 것만이 살길이므로 저들이 심문하는 대로 순순히 인정하게 된다. 게다가 형조로 넘어간 뒤에는 고문이 더욱 심하여, 아니라고 완강하게 부인하든 순순히 승복하든 결국 그에게는 죽음만이 있을 뿐이다. 사람들을 만날 때마다 이 이야기를 해 주며 혀를 끌끌 찼다.

천하에 억울하게 화를 당하는 사람이 어찌 그 사람뿐이겠는가. 세상이 말세인지라 무슨 일이든 그렇지 않은 데가 없으니, 또한 개탄스러운 일이다. 중략

나의 친구 중에 자가 대숙大叔인 목천임睦天任이라는 사람이 있었다. 경술년1730 영조 6의 옥사에 걸려들어 형제 세 사람이 함께 고문을 받고 세상을 떠났는데, 조정의 신하들 중에 한 사람도 구원해 주는 이가 없었을 뿐만 아니라 평소 잘 알고 지내던 이들 중에도 더러 "그럴 수 있지 않을까." 하고 말하는 사람이 있었다. 이는 그들의 진정한 마음이 그런 것이 아니라 세상이 무서웠기 때문이다. 그 후 24년이 지난 계유년1753 영조 29 여름 5월에 주상이 가뭄을 걱정하다가, 그들이 무고하게 죽은 사실을 생각하여 측은히 여기는 마음을 크게

드러내었다. 이에 여러 신하가 모두 그가 억울하게 죽었다고 아뢰어 마침내 그 억울함을 깨끗이 씻어 주고 벼슬도 회복해 주었다. 내가 그동안의 기록들을 얻어 보고는 나도 모르게 눈물이 주르륵 흘러내렸다.

대숙은 역모에 이름이 거론되어 죽은 사람이다. 그 이름이 사람들의 입을 통해서 나왔으니 내가 그 사람들을 어찌하겠는가. 사실이 시원하게 밝혀지자 무죄의 증거로 댄 것이 10여 가지가 넘었다. 24년 동안 집안사람들이 피를 토하며 호소하였으나 힘을 얻지 못하다가, 24년이 지난 뒤에야 사람들이 비로소 10여 가지 증거들을 하나하나 입증하겠다고 나섰다. 그 10여 가지 증거들은 예전 그대로 변함없이 남아 있었으나, 그것이 유죄에서 무죄로 바뀌는 것은 시대 상황에 달린 것으로 그 당사자와는 무관하다. 나는 또 말하기를 "저 10여 가지 증거가 남아 있다는 것은 다행 중의 다행이다. 설사 이것이 없다 하더라도 대숙이 끝까지 죄인으로 남아 있기야 하겠는가." 하였다.

천지 사이에 예나 지금이나 불행히도 이러한 증거가 없어서 자신의 무죄를 밝히지 못하는 사람이 몇천 몇만 명이 되는지 모른다. 기가 막힐 노릇이다.

이 글은 고문을 견디지 못하고 역적의 오명을 쓰고 죽은 목천임 1673~1730의 억울한 이야기를 적고 있다. 목천임은 좌의정 목내선睦來善의 손자이자 대사헌 목임일睦林一의 아들로 본관은 사천泗川이다. 사천 목씨는 조선 후기 남인의 대표적 가문으로 성호의 집안인 여주 이씨와 혼인을 통해 복잡하게 얽혀 있다. 즉, 목천임은 성호의 장인 목천건睦天建의 6촌 아우이자 성호의 자형 목창명의 8촌 아우이며, 『택리지』를 지은 이중환의 처남이기도 하다.

노론이 숙종 말년부터 당시 세자였던 경종을 제거하려는 음모를 꾸몄다는 목호룡睦虎龍의 고변으로 촉발되어 김창집金昌集, 이이명李頤命 등 노론 사대신이 사사되는 등 다수의 노론이 해를 입은 신임옥사를 1725년 영조 1에 재조사하였다. 이 과정에서 목천임은 목호룡의 심복으로 지목되어 평안도 벽동碧潼으로 유배되었다가 1727년에 풀려났다.

1730년에 최필웅崔必雄이 화약을 훔쳐 대궐에 방화하려다가 발각되는 사건이 일어났다. 사건을 조사하는 과정에서 목천임 집안의 종들에게 형벌을 가하여 목천임이 연루되었다는 공초를 받아 냈다. 이로 인하여 목천임과 함께 아우인 목천광睦天光, 목천운睦天運이 옥에 갇혀 형장을 맞다가 사망하였다.

1753년에 옥사로 인해 억울하게 죽은 사람들의 죄를 신원해 줄 때 목천임도 신원되었다. 이 과정에서 영조는 1730년의 옥사에 억울한 경우가 많았으며, 목천임에 대한 고문이 매우 가혹하였다는 것을 인정하였다.

『천주실의』 발문
跋天主實義

『천주실의天主實義』는 마테오 리치利瑪竇 Matteo Ricci가 저술한 것이다. 마테오 리치는 바로 구라파歐羅巴 사람인데, 그곳은 중국에서 8만여 리나 떨어져 있어서 개벽한 이래로 통교한 적이 없다. 명나라 만력萬曆 연간에 예수회耶蘇會 Society of Jesus 동료인 마누엘 디아스 2세陽瑪諾 Manuel Dias, Jr., 줄리오 알레니艾儒略 Giulio Aleni, 삼비아시 프란체스코畢方濟 Sambiasi Francesco, 사바티노 데 우르시스熊三拔 Sabatino de Ursis, 디에고 데 판토하龐迪我 Diego de Pantoja 등 몇 사람과 함께 배를 타고 찾아왔는데, 3년 만에 비로소 도착하였다.

그 학문은 오로지 천주天主를 지존至尊으로 삼는데, 천주는 곧 유가의 상제上帝와 같지만 공경히 섬기고 두려워하며 믿는 것으로 말하자면 불가佛家의 석가釋迦와 같다. 천당과 지옥을 권선징악으로 삼고 널리 인도하여 구제하는 것을 예수耶蘇라 하니, 예수는 서방 나라의 세상을 구원하는 자의 칭호이다. 스스로 예수라는 이름을 말한 것은 또한 중고中古 때부터이다. 순박한 이들이 점차 물들고 성현이 죽고 떠나자 욕심을 따르는 이는 날로 많아지고 이치를 따르는 이는 날로 적어졌다. 이에 천주가 크게 자비를 베풀어 직접 와서 세상을 구원하고자 동정녀를 택하여 어미로 삼아서 남녀의 교감 없이 태胎를 빌려 여덕아국如德亞國 Judea 유대국에서 태어났는데, 이름을 예수라고 하였다. 몸소 가르침을 세워서 서토西土에 교화를 널리 편 지 33년 만에 다시 승천昇天하여 돌아갔는데, 그 가르침이 마침내 구라파 여러 나라에까지 유포되었다. 대개 천하의 대륙이 다섯 개인데 중간에 아세아亞細亞가 있고 서쪽에 구라파가 있으니, 지금 중국은 아세아 중 10분의 1을 차지하고 있고, 여덕아국도 아세아 서쪽의 한 나라이다.

예수의 시대에서 1603년이 지난 뒤에 마테오 리치가 중국에 이르렀는데, 그 동료들은 모두 코가 높고 눈이 푸른색이며 네모진 두건에 푸른 옷을 입고 동자童子의 몸을 지켜 혼인을 한 적이 없었다. 조정이 벼슬을 주어도 황제에게 절하지 않았으며 오직 날마다 고관의 봉록을 받으면서 중국어를 익히고 중국 책을 읽었다. 그들이 저술한 책이 수십 종이나 되는데, 천문과 지리를 관찰하고 역법을 계산해 내는 오묘함은 중국에 일찍이 없던 것이다. 저가 먼 나라의 신하로서 먼 바다를 건너와 중국의 학사 대부들과 교유하였는데, 학사 대부들이 모두 옷깃을 여미고 높여 받들며 선생이라고 칭하고 감히 맞서지 않았으니, 그 또한 호걸스러운 인물이다.

그러나 그가 불교의 가르침을 극도로 배척하면서 자신들도 결국은 똑같이 황당무계한 데로 귀결된다는 것을 도리어 깨닫지 못하였다. 그 책에 이르기를 "옛날 서국西國의 피타고라스閉他臥剌 Pythagoras 라는 자가 백성들이 거리낌 없이 악을 행하는 것을 통탄하여 윤회설輪回說을 만들어 냈는데, 군자가 단정하기를 '그 뜻은 좋지만 그 말은 하자가 없지 않다.'라고 하니, 그 설이 마침내 없어졌다. 그때 이 설이 홀연히 외국으로 누설되었는데 석가가 새로운 문호를 세우려고 도모하면서 이 윤회설을 계승하였다. 후한後漢의 명제明帝가 서방에 가르침이 있다는 말을 듣고 사신을 보내 가서 구하게 하였는데, 사신이 중도에 잘못 인도印度에 도착하여 그 설을 가져다 중국에 전하였다. 사람들이 더러 전생의 일을 기억할 수 있는 것은 마귀가 사람을 속였기 때문이니, 이는 불교가 중국에 들어온 이후에 나타난 일일 뿐이다. 세계 어느 나라건 생사는 예나 지금이나 마찬가지인데 석가 외에는 전생의 일을 한 가지도 기억하는 이가 없다." 하였다.

중국의 선유先儒들도 윤회설이 옳지 않다고 주장하였지만 오직 고금이 다르다는 것만으로 증거를 삼았고, 세상의 꽉 막힌 자들도 오히려 깜짝 놀라 의심스럽게 생각하였다. 이제 온 세상 사람들이 함께 허실을 조사한다면 더욱 분명히 드러날 것이다. 그러나 중국에 불교가 들어오기 전인 후한 명제 이전에 죽었다가 살아 돌아온 자들 중에는 천당과 지옥을 증명한 이도 없었으니, 그렇다면 어떻게 유독 윤회설만 그르고 천당지옥설은 옳다고 할 수 있겠는가.

만일 천주가 백성을 불쌍히 여겨 모습을 바꾸어 이 세상에 나타나서 간혹 한결같이 사람이 가르침을 베푸는 것처럼 말을 고해 주었다면, 억만의 백성이 사는 세상에 사랑하고 불쌍히 여길 자가 어찌 한이 있겠는가. 그런데 한 명의 천주가 두루 다니면서 이끌고 깨우치려면 힘들지 않겠는가. 구라파 동쪽으로 구라파의 교훈을 듣지 못한 자에게는 또 어찌하여 천주가 자취를 드러내어 구라파에서 했던 것처럼 여러 가지 기적을 행하지 않는가. 그렇다면 여러 가지 기적 또한 상투적인 마귀의 술수에 빠진 것이 아니라고 어떻게 장담하겠는가. 중략

이렇게 따져 보면 서양의 교화가 생겨난 연유도 대략 이해할 수 있다. 생각건대 서양의 풍속도 차츰 투박하게 변해서 사람들이 점차 길흉의 인과응보에 대해 믿지 않게 되었을 것이다. 이에 천주경天主經의 가르침이 생겨났는데, 처음에는 중국의 『시경』과 『서경』 말씀 같은 데 불과하였으나 사람들이 오히려 따르지 않을까 염려하였으므로 곧 천당과 지옥의 설을 제시하여 이해를 도우려 하였다가 지금까지 전해진 것이다. 그 후의 여러 가지 신령한 기적은 바로 저들이 말한 대로

마귀가 사람을 속인 결과에 불과하다.

대개 중국은 그 실제 자취만을 말하여 자취가 사라지자 어리석은 백성이 믿지 않게 되었는데, 서양은 그 허황한 자취를 말하여 자취가 허황될수록 미혹된 자가 더더욱 미혹되니, 그 형세가 그런 것이다. 마귀가 이렇게 하는 까닭 또한 천주교가 이미 인심을 병들게 했기 때문이니, 마치 불법이 중국에 들어온 연후에 죽었다가 다시 살아난 자들이 천당과 지옥 및 전생의 일을 기억할 수 있게 된 것과 같다. 저 서양은 무슨 이치든 궁구하지 않은 것이 없고 깊은 이치도 통달하지 않은 것이 없는데 오히려 고착된 관념에 빠져 벗어나지 못하니, 안타깝다.

이탈리아의 예수회 선교사 마테오 리치1552~1610가 지은 『천주실의』에 붙인 발문이다. 우리나라 학자들은 서적을 통하여 서학西學이라 불리는 천주교와 서양의 과학 기술을 접하였는데, 성호도 그러하였다. 성호는 『천주실의』 외에도 『교우론交友論』, 『기하원본幾何原本』, 『혼개통헌도설渾蓋通憲圖說』 같은 마테오 리치의 저술뿐만 아니라 『천문략天問略』, 『직방외기職方外紀』, 『영언여작靈言蠡勺』 등 당시 중국에서 간행된 많은 천주교와 서양의 과학 기술에 관한 서적을 읽었다.

이 글에서 드러나듯이 성호의 서양과 천주교에 대한 지식과 이해는 상당한 수준에 이르고 있다. 서양의 천문, 지리, 역법의 수준에 대해 "하늘과 땅을 설명한 말은 이치가 철두철미하고 공력이 결집되어 있으니, 전에 없던 말이다."라고 하거나 "천문과 지리를 살피는 기수器數와 계기械機의 정교한 수준은 중국에서 소유하지 못한 것이다."라고 찬사를 아끼지 않았으며, 그의 저술 곳곳에서 이를 적극적으로 수용하고 연구한 흔적이 드러난다.

그러나 이 글에서 드러나듯이 불교의 윤회설과 마찬가지로 천주교의 천당지옥설도 옳지 않다는 것을 논증하면서 천주교를 믿지 않는다는 입장을 분명히 하였다. 다만 1752년 이중환에게 보낸 편지에서 "나는 천주 귀신天主鬼神의 설은 내쳐 버렸으나, 욕심을 줄이고 선행을 좋아하는 것은 받아들였네."라고 한 것처럼 심신을 수양하고 바른 생활에 도움이 되는 덕목들은 수용하는 태도를 보이고 있다.

『직방외기』 발문
跋職方外紀

자사는 『중용』에서 땅에 대해 "하해河海를 거두어도 새지 않는다."라고 하였는데, 이는 바다가 육지를 떠받들고 있는 것이 아니라 육지가 바다를 감싸 안고 있다는 말이다. 깊고 큰 바다 밖이라도 물에는 반드시 바닥이 있고 바닥이란 모두 땅이니, 하해를 거두어 싣고 있어도 새지 않는다고 말한 것이다. 자사가 이미 충분히 말해 주었는데 후인들이 깨닫지 못하였다. 서양의 학사가 상세히 말하고 그를 증명하였는데도 여전히 편벽되고 좁은 견해에 갇혀 의아하게 여기며 끝내 이해하지 못하고 있다.

무릇 땅은 둥근 하늘 가운데에 처하여 오르내리지 않으며, 하늘은 왼쪽으로 도는데 하루에 한 바퀴를 돈다.* 하늘이 둘러싼 그 크기가 얼마이든 12시진 내에 되돌아올 수 있으니, 하늘이 이처럼 굳세기 때문에 하늘 안에 있는 것은 그 형세가

* 땅은……돈다 : 『직방외기』에 실린 천체관은 지동설地動說이 아닌 천동설天動說이다. 당시 교황청이 코페르니쿠스의 지동설을 공식으로 인정하지 않았기 때문에 여전히 지구가 중심에 있고 그를 중심으로 천체와 하늘이 돈다고 설명하였다.

중앙으로 모이지 않는 것이 없다. 이제 하나의 원반을 가지고 안에 물건을 놓고 기계를 써서 회전시키면 물건은 반드시 밀리고 휩쓸려서 한가운데에 이른 뒤에야 그치니, 이것으로 증험할 수 있다. 그러므로 땅이 아래로 떨어지지도 않고 위로 떠밀려 올라가지도 않는 것은 같은 이유이다. 상하 사방이 모두 땅을 아래로 여기고 하늘을 위로 여기는데, 진실로 땅이 아래에 있어서 하늘에 있는 물건이 아래로 떨어진다면 또한 반드시 땅에 이를 것이다.

바다가 걸려 있는 것은 마치 몸에 의대衣帶를 두른 것과 같아서 사방으로 빙 둘러 통하지 않는 바가 없다. 그러므로 서양 학사가 배를 타고 서쪽 바다 끝까지 갔는데 결국은 다시 동쪽 바다로 나오게 된 것이다. 바다를 구불구불 운행하는 즈음에 별자리를 관측하면 하늘의 모습이 각기 다르니, 땅보다 낮은 바다 또한 지상과 같음을 알 수 있다. 중략

이제 줄리오 알레니의 『직방외기』를 살펴보면 "대서양은 지극히 커서 끝이 없으므로 서양에서도 대양 너머에 땅이 있는 줄을 몰랐는데 100여 년 전 대신大臣 크리스토퍼 콜럼버스閣龍 Christopher Columbus 라는 자가 동양의 대륙을 찾아 도착하였고, 또 페르디난드 마젤란墨瓦蘭 Ferdinand Magellan 이라는 자가 다시 동양에서 중국 대륙에 도착하여 이에 세계 일주 항해를 하였다."라고 하였다. 자사가 한 말의 의미가 이를 통

해 마침내 밝혀졌으니, 서양 학사가 세상을 두루 돌아다니며 구제하려는 뜻이 아무 도움도 없다고 할 수는 없다. 혹자는 "저 서양의 지도라는 것을 어찌 믿을 수 있겠는가."라고 하는데, 나는 분명히 증험할 수 있다고 생각한다. 일본 땅은 본래 호지胡地에서 바다 쪽으로 비스듬히 들어가 있다. 그러므로 그 서북쪽 하이蝦夷 아이누의 땅은 광막하고 육지와 연결되어 있는데 중원中原의 처지에서는 동북쪽 나라가 되니, 실로 우리나라의 바깥쪽에 있는 것이다. 중원 사람들은 단지 그를 도이島夷라고만 알고 자세히 안 적이 없었는데, 지도에 의거해 보면 모두 동양 안에 포함되어 있다. 저 서양 사람들이 만일 직접 가 보아서 목격하지 않았다면 어떻게 이와 같은 줄을 알았겠는가. 이로 미루어 본다면 우리가 보고 듣지 못한 것이라고 해서 또한 전혀 근거 없는 것이 아님을 판단할 수 있다.

다만 서양에서는 하늘을 측정하여 360도를 표준으로 삼고 땅에서 250리를 갈 때마다 성문星文이 1도 차이가 난다고 하였다. 그렇다면 땅의 둘레가 9만 리인데, 구라파의 서쪽 복도福島 영국부터 중국의 동쪽 아니엄협亞泥俺峽 아메리카 대륙에 이르기까지 꼭 180도가 되니 실로 4만 5000리가 되어서 지구의 반구半球가 된다. 지리적 위치로 찾아보면 복도는 중국과 위도緯度가 같아 상하의 위치가 딱 맞아서 동쪽에서

든 서쪽에서든 거리가 대략 서로 비슷하다. 그렇다면 이것을 반드시 중앙이라고 말해야 하는데 저들이 반드시 서쪽이라고 말하는 것은 어째서인가? 그 설을 따르자면, 아세아는 실로 천하에서 가장 큰 대륙으로 인류가 처음 발생한 지역이고 성현이 제일 처음 나온 곳인데 중국은 또 그 정중앙에 해당하기 때문이다. 곧 풍수지리가들이 말하는 혈穴이 모인 자리와 비슷하다. 여기부터 서쪽으로 땅덩어리의 반은 모두 서이고, 동쪽으로 땅덩어리의 반은 모두 동이니, 대서양大西洋의 한 편은 곧 대동양大東洋인 것이다. 중략

또 「만국전도萬國全圖」를 살펴보면 중국의 서쪽 변두리에서 구라파의 가장 동쪽까지의 거리가 60여 도에 불과하니 곧 1만 5000리 정도이다. 그런데 8만여 리의 뱃길이라고 말한 것은, 이들이 각 나라에서 여정을 시작하여 1년이 지난 뒤에야 비로소 서쪽 어느 나라에 모였고, 마침내 북쪽으로 북회귀선北回歸線을 지나고 다시 남쪽으로 남회귀선南回歸線을 지나 남위 30여 도를 만났다가 다시 동쪽으로 방향을 바꾸어 중국에 도달하였으므로 이처럼 멀리 돌아온 것이다. 그 일이 매우 특이해서 아울러 기록해 놓는다.

명明나라 말기에 중국에 온 예수회 신부 줄리오 알레니1582~1649가

편찬한 지리서인 『직방외기』에 대해 쓴 발문이다. 『직방외기』는 명나라 신종神宗이 마테오 리치의 「곤여만국전도坤輿萬國全圖」에 설명을 더하도록 디에고 데 판토하1571~1618와 사바티노 데 우르시스1575~1620에게 명하였는데, 이들이 완성하지 못하고 세상을 떠나자 알레니가 뒤를 이어 완성하였다. 천주교의 교리를 직접 설명하려 했던 『천주실의』와는 달리 『직방외기』는 천주교의 입장으로 해석한 우주의 모습과 지구의 구체적인 모습, 중국에 버금가는 서양의 모습을 담고 있는데, 천주교에 대한 불신과 오해를 해소하는 데 큰 역할을 하였을 뿐만 아니라 중국을 세계의 중심으로 이해하던 조선에도 큰 영향을 끼쳤다.

성호는 천주의 설은 믿지 않는다고 하면서도 천문학과 지리학, 역학曆學 등의 성과를 높이 평가하고 적극 수용하였다. 그는 마누엘 디아스 2세1574~1659의 『천문략天問略』, 아담 샬湯若望 Adam Schall 1592~1666의 『일월식추보日月蝕推步』 등을 통하여 일식, 월식, 조수潮水 등의 원리를 분명히 이해하고 그대로 계산해 보아도 모두 맞는다고 확인하였으며, 『직방외기』의 지구에 대한 설명이 매우 타당하다고 생각하고 이를 제자들에게도 언급하였다.

이중환에게 보낸 편지에서 "『직방기職方紀』 같은 책은 인가에서 없어서는 안 되는 것이네. 빌려서 보는 사람은 많지만 한 사람도 베껴 쓰는 이가 없으니, 입으로만 좋아한다고 하면서 마음으로는 믿지 않는다는 것을 알 수 있네."라고 하여, 『직방외기』에 대한 성호의 평가와 당시 사람들이 서양의 지리학을 수용하는 분위기를 함께 보여 주고 있다. 성호와 제자들이 지도 제작과 지리서 편찬에 관심을 가지고 일정한 성과를 낸 것도 이러한 영향과 무관하지 않을 것이다.

『연담화첩』 발문
跋蓮潭畫帖

우리 동방의 문물이 오늘날에 와서 가장 번성하여 글씨와 그림과 같은 잡기雜技들까지도 모두 높은 수준에 이르렀다. 내가 보고 기억하는 바로는 우리 중빈仲賓 이관휴李觀休이 묵적墨蹟을 유독 많이 소장하고 있는데, 그 가운데에는 볼만한 걸작이 많다. 예전에 중빈과 함께 시험 삼아 그림에 대한 품평을 해 본 적이 있다. 내가 묻기를 "글씨는 신라의 승려인 김생金生으로부터 근래 고산 황기로의 초서와 석봉石峯 한호韓濩의 해서에 이르기까지 뛰어난 대가들이 배출되었으니, 화가들 가운데 누가 이들과 비견될 수 있겠는가?" 하자, 중빈이 대답하기를 "안견安堅 이전의 화가에 대해서는 살펴볼 길이 없으나 그 이후로 지금까지 세상에 이름난 이가 종종 끊이지 않고 나왔습니다. 이를테면 근래 김명국金明國이 그린 「노선도老仙圖」는 짙고 원숙한 화풍이 흡사 석봉과 필적할 만하고, 각종 기이한 새와 짐승에 표현된 화풍은 고산의 풍격을 새로운 모습으로 표현한 것입니다. 석봉에 뒤지지 않고 고산과도 대등하니, 무슨 두려울 것이 있겠습니까." 하였다. 이어 여덟

장의 인물화 두루마리를 내게 보여 주었다. 나는 한참을 감상하고 나서야 훌륭한 화공의 고심한 흔적을 그나마 느낄 수 있었다.

김명국의 호는 연담蓮潭이다. 일찍이 통신사 행렬을 따라 일본에 간 적이 있는데, 일본 사람들이 빈 병풍을 펼쳐 놓고 그림을 그려 달라고 요청하였다. 김명국은 먹을 찍어 종이 전체에 뿌렸다. 그러자 보는 이들이 깜짝 놀라서 낯빛이 변하고 말았다. 김명국이 먹물이 떨어진 자리에다 붓을 휘둘러 늙은 매화나무와 대나무, 산과 바위, 벌레와 짐승 등을 완성해 가니 여러 형태가 다 갖추어져 더 이상 한 점의 부족함도 보이지 않았다. 이 정도로 그의 솜씨가 능숙하였다고 한다.

성호의 재종질인 이관휴가 소장하고 있던 조선 중기의 대표적인 화가 김명국1600~?의 그림을 모은 화첩의 말미에 쓴 발문이다. 김명국의 본관은 안산, 자는 천여天汝, 호는 연담 또는 취옹醉翁이다. 산수인물화와 선종화禪宗畫를 잘 그렸으며, 도화서의 화원으로 1636년인조 14과 1643년에 통신사를 따라 일본에 다녀왔다. 정내교鄭來僑의 『완암집浣巖集』에 의하면, 그는 성격이 호방하고 해학에 능했으며, 술을 좋아하여 몹시 취해야만 그림을 그리는 버릇이 있어 대부분의 그림이 취한 뒤에 그린 것이라고 한다. 작품으로는 「달마도達摩

圖」, 「설중귀려도雪中歸驢圖」, 「심산행려도深山行旅圖」, 「기려도騎驢圖」, 「관폭도觀瀑圖」, 「투기도鬪碁圖」, 「은사도隱士圖」, 「사시팔경도四時八景圖」 등이 있다.

안견 이후로 최고의 화가로 평가받는 김명국의 그림에 대해 당시의 명필로 인정받던 황기로나 한호에 버금갈 만하다는 이관휴의 의견에 성호는 전적으로 동의하지는 않았다. 다만 일본에 사신 가서 있었던 일화를 말미에 소개하면서 그의 솜씨가 능숙하다고 했을 뿐이다.

성호는 그림과 글씨 등의 예술에도 뛰어난 식견을 지니고 있었던 듯하다. 부친 이하진과 셋째 형 옥동 이서가 명필로 알려졌으니 글씨에 대한 감식안을 자연스레 갖추게 되었을 것이다. 또한 문인화가 표암豹菴 강세황姜世晃, 대나무 그림을 잘 그린 유덕장柳德章과 매우 가깝게 지냈으므로, 그가 그림에도 상당한 안목을 지녔으리라고 추측할 수 있다. 이징李澄의 그림에 대해 쓴 「허주의 그림에 대한 발문跋虛舟畫」에는 그가 서양화를 많이 보고 서양의 원근법을 이해하고 있다는 내용도 보인다.

제5장

시是를 찾아서

수기치인修己治人의 학문인 유학을 공부하는 학자들의 궁극적 목표는 세상을 바로잡고 백성을 구하는 경세제민經世濟民에 있었다. 이는 나랏일을 담당하는 관원뿐만 아니라 산림에 은거하여 학문을 닦는 선비의 공통된 지향이기도 하였다.

성호의 개혁론은 율곡 이이와 반계 유형원의 사상을 계승하면서도 당시의 변화를 정확히 파악하여 현실의 문제를 바로잡는 데 초점을 맞추고 오랫동안 시행할 수 있는 대안을 제시하고자 하였다. 그는 법과 제도가 오래되면 상황이 변하여 폐단이 발생할 수밖에 없으므로, 관리들이 눈앞의 편안함만 추구하지 말고 책임감을 갖고 제도를 고치는 노력을 경주해야 한다고 생각하였다.

성호는 평생 벼슬하지 않은 선비로서 농부를 자처하며 시골에서 은거하였기 때문에 군포, 환곡 등으로 인한 농민의 부담이 가중되는 한편 상업이 발달하고 화폐 유통이 확대되는 현실을 직접 목격하였다. 그는 농업을 중심 산업으로 생각하여 농촌과 농민 생활의 안정을 우선시한 개혁론을 주장하였고, 상업과 화폐는 농업을 해치는 요소라고 생각하였다.

성호는 제자 윤동규에게 보낸 편지에서 "나는 평생에 남들이 알아주기를 구하지 않고, 비방을 피하지 않고서 오직 하나의 '시是' 자만을 구했습니다."라고 하였는데, 성호의 개혁론도 이러한 바탕 위에서 구상되었을 것이다.

개혁을 논함

論更張

법에 폐단이 생기면 개혁하는 것은 당연한 형세이다. 그러나 개혁이 반드시 좋은 것만은 아니며, 혹은 그것 때문에 환란을 초래하기도 한다. 때문에 사람이 마침내 개혁을 거부하여 말하기를 "오래된 법을 깨뜨리고 부숴서 망치는 것보다는 차라리 그대로 답습하여 버티는 것이 낫다."라고 하니, 이는 당장의 안일安逸을 꾀하는 것으로는 최고의 계책이다. 이를 집에 비유해 보면, 오래되어 무너질 지경인데 서투른 목수에게 고치도록 한다면, 혹 미처 수리를 마치기도 전에 집이 먼저 무너질 우려가 있는 것과 같다.

그러니 고치는 것이 실로 오래도록 유지할 수 있는 근본적인 대책이다. 한두 계절 사이에 무너져 버릴 것이 분명하다면 한결같이 당장만 편안하면 된다는 태도로 대처하여 새로 고칠 생각을 하지 않는 것이 어찌 옳겠는가. 만약 비바람이 몰아쳐서 뜻밖에 갑자기 서까래가 부러지고 대들보가 무너지는 사태를 만나면, 아무리 혀를 차며 탄식하고 후회해도 이미 때는 늦는다. 나라의 폐단이 이것과 얼마나 다르겠는가. 그러나 사람들은 반드시 집은 서둘러 고치려 하지만 폐단을 개혁하는 것은 천천히 하려고 하니, 또한 그 연유가 있다.

저 집이라는 것은, 무너지는 것도 내 근심이며 고치는 것도 내 일이다. 내가 고치기는 비록 어렵지만, 내 근심도 절실한 것이다. 내가 힘쓰지 않으면 내 집은 무너지고 만다. 그러나 나라의 일은 주로 백성들이 고통을 받고 곧바로 목전에 위망危亡이 닥치지 않으니, 나는 다만 가만히 있으며 한가롭게 즐기고 화를 면할 수가 있는 것이다. 중략

저 집이라는 것은 눈에 선하고 귀에 익어 진실로 좋은 목수를 만나면 나의 뜻대로 지을 수 있어서 마침내 완성을 기약할 수 있다. 그러나 국사는 험난한 시대의 변화에 손발이 맞지 않고, 비록 입으로 말은 하지만 몸은 미처 겪어 보지 못했으며, 게다가 곁에서 그 틈을 엿보아 온갖 수단을 동원하여 망치려 든다. 그러나 이는 모두 인지상정으로 누구나 가질 수 있는 마음이며, 사람들이 개혁하기를 어렵게 여기는 까닭이다. 이런 사람들은 스스로 담당할 생각도 없으면서 나라를 경시하는 마음도 상당히 가지고 있다. 중략

근세에 이율곡이 개혁을 많이 주장하였는데 당시에 의논하는 사람들이 옳게 여기지 않았다. 지금에 와서 보면 율곡의 주장이 명쾌하고 절실하여 열에 여덟아홉은 시행할 만하였다. 율곡은 우리나라가 개국한 이래로 정무政務에 대해 가장 높

은 식견을 가진 사람이었다. 그런데 아쉽게도 지금은 그 사람만 높이고 그가 이룬 업적은 숭상하지 않아서, 나라의 폐단을 고치는 율곡의 방법을 매몰하여 시행되지 않게 하고 있다.

그가 말한 개혁 중에 큰 것은 공물貢物을 거두는 방법을 바로잡는 것이다. 율곡의 의견은 농토에서 거두어들이는 세금의 액수를 규정해 놓지 않으면 더욱 가혹하게 거두어들여서 백성이 피해를 입는다는 것이다. 그 후에 마침내 대동법大同法이 시행되었는데 백성들이 모두 편하게 생각하였다. 그러나 부세賦稅는 가벼워졌는데도 거두어들이는 것은 도리어 많아졌으며, 여러 가지로 가혹하게 요구하고 곳곳에서 농간을 부리니 그 폐단의 거의 반은 여전히 남아 있다. 이는 율곡의 뜻이 제대로 시행되지 못한 것이며, 후대에 대동법을 추진했던 여러 사람들이 율곡만큼 커다란 역량이 없었기 때문이다. 그렇지 않았다면 백성들이 입은 혜택이 마땅히 이 정도가 아니었을 것이니, 일이 이미 그만둘 수 없는 지경에 가서야 제대로 개혁하지 못하였다는 것을 알게 되는 것이다. 중략

반계 유형원의 뜻은 더욱 컸다. 세상의 잘못된 것을 한번에 씻어 버리고 성인의 제도로 돌아가서 반드시 백성들에게 토지를 나누어 주어야만 된다는 것이었다. 그 뜻은 비록 좋았지만 끝내 시행하기는 어려웠다. 이 한 가지 사항은 그만두더라도 그 나머지 방책方策들은 정확하게 당시의 폐단에 딱 들어

맞았다. 비록 당대에 시행되는 것을 보지는 못했지만 후대에는 반드시 본받을 자가 있을 것이니 영원한 스승이 된 것이다.

대개 그의 주장은 대부분 율곡과 합치되는데, 그중에 한두 가지만 들어 보면 다음과 같다. 불필요한 관원은 도태시켜야 하고, 관직은 오랫동안 맡겨야 하며, 사람을 쓸 때는 덕행德行을 먼저 보아야 하고, 작은 군현들은 합병해야 하며, 노비의 종부법從父法은 허락하지 말아야 한다는 것이다. 이것들은 모두 율곡이 이미 언급했던 것으로 망녕되이 고치거나 혹여라도 잘못될 우려가 없었다. 나라 사람들이 모두 그것을 옳게 여겨 반드시 시행하도록 건의해야 한다고 말하였다.

그런데 어찌하여 그의 말은 커다란 동종銅鐘처럼 무겁게 여기면서도 그의 뜻은 털끝처럼 가볍게 보아서 백 년이 지나도록 여전히 머뭇거리며 우물쭈물한단 말인가. 이는 불필요한 관원을 도태하고 군현을 합병하면 관원의 숫자가 줄어들어 벼슬에 나가는 데 방해가 되고, 관직을 오랫동안 맡기면 영화로운 벼슬을 두루 거치지 못할까 두려우며, 덕행을 앞세우면 글 잘하는 사람들이 벼슬길에 조금 막히게 되고, 노비의 종부법을 없애면 가진 사람들이 혹 노비를 잃는 수도 있기 때문이다. 이런 것도 오히려 이처럼 머뭇거리니, 하물며 크게 개혁하여 진작하는 것을 바랄 수가 있겠는가.

그렇지만 몸은 궁벽한 시골에 있어도 주공周公과 중니仲

尼의 도를 심복하며 진실로 나를 기용해 주기만 한다면 그 도를 펼쳐 보이리라는 것이 고금에 유학을 공부한 사람들의 공통된 소원이었다. 만약 정밀하게 연구하고 세밀하게 계획하여 일의 변화를 참작하고 확고하게 지켜 나가지 않는다면 조롱과 책망을 면하지 못할 것이다. 후략

제도 개혁에 대한 성호의 기본 입장이 드러나 있는 글이다. 법이나 제도를 처음 시행할 때는 당시의 상황과 목적에 맞게 만들지만, 시간이 흘러 상황이 변하면 여러 가지 문제가 발생하게 마련이다. 옛사람들은 나라를 큰 집에 비유하였는데, 성호 역시 썩고 무너지려는 집을 폐단이 누적된 나라에 비유하여 정사를 담당하는 자들이 자기 집만큼 나라를 아끼지 않는다고 질책하였다.

성호는 율곡 이이와 반계 유형원의 개혁론을 높이 평가하고 이를 계승하고 발전시키는 입장을 취하고 있으며, 농업을 중시하고 농민의 생활을 보장하는 방향에서 개혁 방안을 제시하고 있다.

공물과 진상進上 및 지방 관청에 내던 것 등 호戶에 부과하던 각종 역役을 토지를 기준으로 하여 쌀로 내게 하는 대동법은 이이가 제안한 수미법收米法에 바탕을 둔 것으로, 광해군 때부터 단계적으로 시행하여 숙종 때에는 전국으로 확대하였다. 성호는 대동법의 편리함을 인정하면서도 추가로 부과하는 각종 잡세와 거두는 과정에서 벌어지

는 농간으로 인해 성과가 반감되고 있다고 비판하였다.

유형원의 개혁안 중에서는 군현의 경계를 바로잡고 작은 군현을 합병하여 불필요한 경비와 관원을 줄이는 것을 높이 평가하였는데, 광주廣州에 소속되어 있지만 거리상으로는 안산이 훨씬 가까운 첨성리에 살면서 세금을 내거나 환곡을 바치기 위해 100리 가까이 떨어진 광주로 가야 하는 피해를 직접 경험하였기 때문에 더욱 절실하게 받아들였을 것이다.

성호는 1758년 안정복에게 보낸 편지에서, 은거하는 학자가 많지만 진짜와 가짜가 뒤섞여 있다고 비판하면서 실제에서 우러나온 학문이 아니면 일을 당하여 제대로 처리할 수 없다고 하였다. 이는 이 글 말미의 '정밀하게 연구하고 세밀하게 계획하여 일의 변화를 참작하고 확고하게 지켜나가야 한다.'는 성호의 학문 태도와도 상통하는 것이다.

과거를 논함

論科擧

요즘 사람들은 독서를 하지 않아 말뜻이 거칠고 추하다. 보는 사람조차도 부끄러운데 시관試官이 뻔뻔스럽게도 "이 사람은 뽑을 만하다."고 공공연히 말한다. 자식이나 조카, 친구들의 간곡한 청탁을 받아 합격시키고는 '공정하다.', '세밀하게 살핀 것이다.'라는 차마 못할 말을 너끈히 입 밖으로 낸다. 모든 사람들이 손가락질하는데도 적발해 낼 수가 없으니, 이는 모두 어쩔 수 없다고 내버려 두었기 때문이다.

또 무과武科에 급제하는 수는 매번 1000명에 가깝고, 증광시增廣試를 자주 행해서 진사進士의 숫자도 더욱 늘어난다. 나라에는 쓸모가 없는데 합격자의 명단에 끼기만 하면 분수에 넘치는 벼슬길을 바라며 농부가 되는 것을 부끄럽게 여기니 그 폐해가 막심하다. 중략 게다가 무지하고 어리석은 무리들이 서로 보고 배워서 과거 공부를 한다는 핑계로 농사를 팽개친다. 잘하는 것이라고는 하나도 없이 오직 게을리 노는 것만 일삼는 자들이 너무 많아서 이루 다 셀 수가 없으니, 결국 그 피해를 입는 사람은 누구인가.

하물며 문과文科나 진사에 합격한 사람 중에는 답안을 대신 짓게 하거나 글씨를 대신 쓰게 한 사람이 반이 넘는데, 재주가 좋은 사람은 한 번에 네다섯 가지의 답안을 작성해 내기도 한다. 혹은 너나 할 것 없이 옆 사람을 훔쳐보며, 혹은 집에서 미리 지어 가지고 오는 사람도 있다. 또 이른바 외장外場이라는 것도 있는데 몰래 땅속으로 구멍을 파서 비밀리에 시권試券을 시장試場 밖으로 내보내거나 안으로 들인다. 혹은 아전들에게 뇌물을 써서 깨끗이 베낀 시권을 들여오기도 한다. 회시會試에서는 변장을 하고 대신 들어오며, 혹은 여러 사람을 데리고 섞여서 들어오는 자도 있다. 또 이른바 환봉換封이라는 것이 있는데, 먼저 아전들에게 뇌물을 주고 당락이 결정되기를 기다렸다가 결정되고 나면 몰래 이름, 나이, 사조四祖 등을 쓰고 풀칠하여 봉한 부분인 봉미封彌를 뜯고 시골의 선비나 먼 지방에서 온 사람의 시권을 가져다가 그 부분을 긁어 내고 합격시킬 사람의 것으로 고쳐서 쓴다. 이는 모두 시권을 채점하는 고관考官은 알지 못하는 부분이다.

과장科場의 문란함이 어느 시절엔들 없었겠는가마는 아마도 지금과 같은 때는 없었을 것이다. 이미 이렇게 문란하다는 것을 알았으니 또한 어찌 방법이 없겠는가. 초시初試와 회시의 시권을 서로 비교 감정하여 필적이 다른 자는 탈락시킨다.

회시의 시장에는 응시자가 많지 않다. 따라서 이름을 뒤섞어 불러서 넓은 뜰에 차례대로 앉게 하며 입을 놀려 서로 알려 주거나 서책을 몰래 가지고 들어오지 못하게 한다. 시부詩賦 시험의 압운押韻은 당송唐宋에서 쓰던 운각韻脚의 규정에 의거하여 별도로 여덟 개의 운자를 불러 준다. 네 개는 평성平聲으로 하고 네 개는 측성仄聲으로 하며 압운할 때 순서가 바뀌지 않게 한다. 합격한 시권은 우선 성균관에 비치하고 사람들이 와서 열람하는 것을 허락한다. 또 모든 시권을 등서하여 널리 알리는데, 답안지가 반 이상 서로 비슷한 것은 두 개의 답안지를 모두 게시한다.

또 시장의 출입을 엄격히 단속하고, 군졸을 많이 배치하여 교대로 순찰을 돌게 한다. 큰 상을 걸어서 부정행위를 적발하게 하고, 부정행위를 한 자는 먼저 무거운 형벌을 내려 서울에서 멀리 떨어진 살기 어려운 지방에 정배定配한다. 이렇게 백성들에게 신상필벌信賞必罰한다는 것을 보여 준다면 어찌 위의 몇 가지 문제를 걱정하겠는가. 지금의 시장은 관리가 허술하여 응시자들이 부정행위를 할 수 있는 여지를 주니, 위와 같이 시장을 엄정하게 단속하면 문제가 없을 것이다. 다만 대신 들어오는 것만은 살피기 어렵다. 그런 까닭에 왕왕 명문名門 사족의 자제들 중에도 이런 사람이 있으니 먼 지방의 알려지지 않은 사람이야 말할 것이 있겠는가. 대리 시험으로 합격한 사람을 지목하여 좌사마左司馬*라고 하는데, '좌左'와 '좌坐'가 음音이 같은 것을 이용한 것이니 집에 앉아서 합격했다는 말이다. 그러나 이 또한 대비책이 있다.

지금 초시는 서울 및 각 도별로 합격자의 숫자가 정해져 있다. 따라서 회시에서도 각 도의 합격자 숫자를 명확하게 규정하고 명나라 때 시권에 남북南北을 구분하여 적게 한 예에 따라 각각의 시권에 지역을 표시하게 한다. 그런 다음에 응시자 서로가 찾아내서 고발하게 하면 해결될 것이다. 후략

과거의 폐단을 개혁하기 위한 방안 가운데 시험을 치르고 합격자를 선발하는 과정에서 일어나는 갖가지 편법과 부정을 방지하기 위한 현실적인 방법에 초점을 맞추어 쓴 글이다.

합격자 선발에 공정을 기하고 시험 과정의 부정을 막기 위한 제도적 장치는 마련되어 있었다. 응시자의 신분을 알지 못하도록 성명, 거주지, 가족 관계 등을 적은 부분을 풀로 붙여 채점자가 보지 못하도록 하였고, 혈연 관계가 있는 응시자와 시험관은 같은 시험장에 들어가지 못하도록 하였으며, 채점하기 전에 답안지를 옮겨 써서 필적을 알아보

* 좌사마左司馬 : 사마는 소과小科인 생원과生員科와 진사과進士科를 아울러 이르는 사마시司馬試를 가리킨다. 좌사마는 본래 관직 이름인데, '좌左'와 '좌坐'가 음이 같아서 대리 시험으로 합격한 사람을 비꼬아서 부르는 말로 만든 것이다.

지 못하도록 하는 것 등이 그것이다. 시험장에 책을 가지고 들어가거나 다른 사람이 대신 답안을 작성하는 것도 물론 금지하였다.

그러나 성호의 글을 보면 이런 대책들이 거의 실효를 거두지 못하고 부정행위의 유형이 갈수록 다양해지고 있으며, 세력 있고 부유한 응시자들이 저지르는 부조리로 인해 지방에서 온 가난한 응시자들이 피해를 입는다는 것을 알 수 있다. 성호는 유형별로 부정행위를 근절하기 위한 구체적인 대안을 제시하면서 부정행위에 대한 처벌을 강화하는 방법도 함께 제안하고 있다.

더욱 근본적인 문제는 조정에서 3년마다 보이는 식년시式年試 외에 나라에 경사가 있을 때 보이는 증광시 등을 빈번히 시행하여 합격자 수가 갈수록 증가하는 것이라고 보았다. 과거 합격자가 곧바로 관직에 진출하지 못하는 상황이지만, 일단 과거에 합격하고 나면 농업 등의 생업에 종사하지 않으려 할 뿐만 아니라 또 과거를 준비하는 사람들 역시 공부한다는 명목으로 생업에 종사하지 않는 것을 더 큰 문제로 인식하였다.

서원을 논함
論學制

서원은 은나라의 태학太學인 고종瞽宗에서 돌아가신 스승인 악조樂祖를 제사하던 뜻을 본받아서 선비들이 강학하는 장소를 만든 것이니, 그 의미가 매우 좋다. 중국에서 백록동白鹿洞, 석고石鼓, 응천應天, 악록嶽麓의 서원이 건립된 후에 드디어 하나의 풍조를 이루어 천하에 두루 퍼졌다. 우리나라에서도 본받아 백운서원白雲書院과 역동서원易東書院이 처음으로 세워졌다. 그러나 지금은 심지어 네다섯 곳의 서원을 세운 고을도 있으니 이익은 없고 해악만 있는 것은 말할 필요도 없다.

법은 조정에서 백성들을 바르게 만들기 위한 도구이다. 천하에 선하지 않은 사람이 많으니 만약 형벌로 다스려 바로잡지 않는다면 모든 일에 폐단이 생길 것이다. 지금은 아무 벼슬도 없는 사람에게 서원의 유생들을 통솔하는 책임을 맡긴다. 비록 마땅한 사람을 얻더라도 잘 통솔할 수 있을지 모르는데 하물며 마땅한 사람을 얻는다는 보장도 없으니 말할 것이 있겠는가. 때문에 군역을 피하여 서원에 들어오는 자가 사찰에 투탁投託하는 숫자보다 많고, 싸우는 일이 시장보다 심하여 풍속의 교화에 도움이 되는 점은 찾아볼 수가 없다.

만약 서원을 세우고 싶으면 해당 지역의 위치를 살펴서 혹 관청에서 매우 멀어 제생들이 모여서 학업을 강마하기에 방해가 되지 않는 곳이라면 비로소 하나의 서원 설립을 허가하여 그 고을의 선생을 제사 지내는데, 그 고을의 모든 선비에게 돌아가며 물어보아 그중에 10인 이상이 수긍하지 않는다면 제사 지내지 않는다. 이는 장소를 기준으로 설립한 것이며, 인물을 기준으로 설립한 것이 아니다. 만약 작은 고을인데도 제사 지내지 않을 수 없는 인물이 있다면 향교鄕校의 옆에 사당을 설립하도록 한다.

서원을 설립한 후에 조정에서는 또 반드시 사림의 요청에 의거하여 조교助教의 임무를 맡을 사람을 뽑아 보내는데, 조교는 성적을 살펴서 관직을 옮겨 준다. 전지田地를 내려서 선비를 기르고 노비 약간 명을 내려서 필요한 물자를 공급한다. 도망한 백성이 숨는 것을 용납하지 않으며, 서원에 입학한 사람은 10년이 되면 등록을 갱신하는데 조정에 선비를 천거할 때와 향약鄕約에 처음 들어갈 때의 규례와 같이 반드시 여러 사람이 대상자의 이름에 둥근 점을 찍어 많은 점수를 얻은 사람으로 한다. 그중 받은 둥근 점의 숫자가 적은 자는, 이미 들어와 있다면 퇴출시키고 아직 들어오지 않은 자는 감히 들어오지 못하게 한다. 이렇게 하면 난잡한 사람들이 감히 서원에 있지 못할 것이고 내쫓기는 사람도 항의하지 못할 것이다. 규정대로 하지 않는 서원의 유생은 고을의 관원이 상급 관청에 보고하여 다스린다. 봄가을로 강회講會를 개최하는데 고을의 관원이 또 반드시 직접 가서 강석講席에 참석한다. 두 번 강회에 참석하지 않은 관원은 파직한다. 이렇게 하면 교화에 조금이나마 도움이 될 것이다. 후략

성호가 교육 제도의 개혁에 대해 논한 「학제를 논함論學制」 가운데 서원에 대한 부분이다. 선현先賢에 대한 제향과 강학을 목적으로 지방의 사림이 주도하여 건립한 서원은 1550년 명종 5 백운동서원이 소수서원으로 사액을 받은 이후 조정의 지원을 받으며 전국적으로 설립되었다. 조정은 서원의 경제적 토대가 되는 서원전書院田과 그에 대한 면세 혜택 및 노비, 서적 등을 지원하고 원생의 군역도 면제해 주었는데, 이는 조정이 서원 설립을 국가의 기능인 교화의 연장으로 받아들였기 때문이다.

이러한 조정의 지원 아래 급증한 서원은 한 인물에 대한 중첩 설립, 제향 대상을 둘러싼 가문이나 정파 간의 대립과 갈등, 향교 교육의 쇠퇴, 서원에 소속된 양민과 천민의 군역 면제 등 많은 폐단을 야기하였다. 때문에 인조 대 이후로는 조정의 허락을 받아 서원을 창설하도록 하고, 한 인물을 제향하는 서원을 중첩하여 세우지 못하도록 하는 등 서

원의 폐단을 바로잡으려는 조치도 시행되었는데, 1741년 영조 17 조정의 허락을 받지 않고 설립하거나 이미 제향하는 서원이 있는데도 중첩하여 설립한 170개의 서원을 훼철한 일이 대표적이다.

성호는, 서원의 문제는 근본적으로 수효가 지나치게 많은 데서 기인한다고 보았다. 서원의 교육이 부실하고 군역을 회피하기 위한 도피처가 되며 서원의 설립과 향사를 둘러싼 대립이 심각하여 교화를 해치는 것을 주요한 폐단으로 꼽았는데, 모두 당대에 심각한 폐단으로 지적된 것이다.

성호가 제시한 대안은 인물이 아닌 장소를 중심으로 서원을 설립하도록 하고, 조정의 관리 권한을 강화하여 교육을 주관할 관원을 파견하며 군역을 피하여 서원에 투탁하지 못하게 할 것과 10년을 주기로 원생을 다시 등록하는 것이다. 원생을 새로 등록할 때는 대상자의 이름에 둥근 점을 찍어 얻은 점수를 기준으로 등록하는 권점圈點 방식을 사용할 것을 제안하였는데, 이는 해당 지방의 여론이 반영되도록 하는 방안이다.

어사를 논함
論御史

수령의 선악과 청렴을 살피는 일은 오로지 관찰사에게 맡긴다. 관찰사에게 오히려 혹 잘못이 있으면 다시 어사御史를 시켜서 암행하여 살피게 한다. 수령 중에 잔학하여 백성에게 해독을 끼친 자가 있으면 어사가 반드시 탄핵한다. 그래도 어사가 혹 미덥지 못하면 다시 관찰사에게 맡겨서 철저히 조사하도록 하는데, 관찰사는 옆 고을의 수령에게 맡긴다. 하지만 옆 고을의 수령이 남의 악행을 들추어내서 원망을 받는 일을 기꺼이 하겠는가. 그리고 옆 고을 수령이 묻는 사람은 향청鄕廳의 임원이나 아전들에 불과하다. 향청의 임원이나 아전들이 감히 자기 고을 수령의 악행을 드러내고 다시는 뒤를 돌아보지 않을 수가 있겠는가.

관찰사 역시 마찬가지이다. 그 또한 어사를 위하여 무겁게 추궁하여 실상을 밝힐 필요가 없는 것이다. 어사도 마찬가지인데, 이미 형적을 잡아서 파직하기를 아뢰었으니 너무 심하게 논핵하여 평생토록 다시 관직에 임용되지 못하게 할 필요까지는 없는 것이다. 이 때문에 요즘 세상에서는 장오죄贓汚

罪로 처벌받았다는 이야기를 듣지 못한다. 어찌 사람들이 모두 청렴결백해졌기 때문에 그런 것이겠는가. 장오죄를 저지른 관리가 있는데도 능히 탄핵하지 못하는 것이니, 있는데도 탄핵하지 않는다면 도대체 백성을 어떤 지경에 빠트리겠다는 것인가. 아아, 너무도 슬픈 일이다.

무릇 어사는 임금의 눈과 귀이니, 명을 받고 장오죄를 저지른 관리를 규탄하는 것이 직임이다. 그런데 끝내 장오죄로 처벌하지 않는다면 청렴하다는 것이니, 이는 단지 사람들만 속이는 것이 아니라 임금도 기만하는 것이다. 그 죄 또한 용서해서는 안 될 것이다. 지금 장오죄가 없는 것은 다른 까닭이 아니다. 어사가 한갓 너무 심하게 하지 않겠다는 것만 알 뿐, 자기 자신은 사람들을 속이고 임금을 기만하는 죄에 빠지는 것을 전혀 깨닫지 못해서이니, 직임을 제대로 수행하지 못한 어사를 처벌하는 것을 법조문으로 만들어야 마땅하다.

어사가 실제 없는 일을 가지고 관리를 탄핵한 경우에는 사안의 경중에 따라서 어사의 자급과 녹봉을 빼앗아 처벌한다. 관리를 탄핵할 때에 반드시 향청의 임원들과 아전들에게 캐어 보아서 사실에 근거하여 문서를 작성해야 한다. 모든 것이 자세하고 완벽하여 조금도 누락된 것이 없어야 간악하고 사특한 실제 정황을 밝힐 수 있을 것이다. 장오죄를 저지른 수령은 조금도 용서하지 말고 얼굴에 자자刺字하고 재산을 몰수하여 관료들을 경계한다. 이렇게 해야만 비로소 장오죄를 저지르는 수령이 조금 줄어들게 될 것이다. 그런데 지금은 아침에 관리를 탄핵했는데 저녁에 그 관리가 깨끗해지고, 어사를 처벌한 지 얼마 되지도 않아서 그 어사에게 도로 벼슬을 주며, 편안하게 어사와 관리가 서로 만나면서 조금의 부끄러움도 없으니 아이들의 장난보다도 심한 일이다.

어사는 임금에게 특정한 임무를 부여받고 지방에 파견되는 관원으로, 암행 어사는 지방 수령의 비리를 감찰하기 위한 임무를 주로 띤다. 지방 수령의 고과考課는 관찰사가 담당하지만, 1년에 두 차례 관내 고을을 순시하는 것만으로는 수령의 치적과 비리를 모두 살필 수 없다는 현실 때문에 암행 어사는 지방 수령을 감시하는 유용한 제도였다.

장오죄는 관리가 뇌물을 받거나 자신이 관리하는 물품을 훔치는 중대 범죄이다. 장오죄로 처벌받으면 본인은 평생 벼슬할 수 없었고, 증손자까지 의정부, 육조, 한성부, 승정원, 사헌부, 사간원 등 중앙의 주요 관직과 관찰사, 도사都事, 수령 등의 지방 관직에 제수될 수 없는 등 관직 진출에 중대한 제약을 받았다.

수령은 지방의 행정, 군정, 재정을 모두 장악하고 있었는데, 지방은 상대적으로 중앙보다 감시의 눈길이 느슨하였기 때문에 수령이 탐욕과 비리를 자행할 여지는 많았고, 그 피해는 고스란히 백성들에게 돌아갔다.

수령을 감찰하는 제도와 장오죄를 처벌하는 법 자체가 잘못된 것은 아니지만, 현실은 그렇지 못하여 제대로 감찰하지도 않았고 설사 장오죄로 적발되더라도 파직하는 정도로 가볍게 처벌하고 법대로 처벌하지 않기 때문에 수령의 탐학과 비리가 그치지 않았다.

성호는 감찰을 제대로 행하지 않은 어사도 처벌하도록 새로이 법으로 규정하고, 장오죄에 대한 처벌을 법대로 시행하여 얼굴이나 몸에 먹물로 글자를 새기는 자자형刺字刑을 시행하고 재산을 몰수하는 강력한 처벌을 해야 한다고 주장하였다.

뇌물을 논함
論賂遺

뇌유賂遺는 우리나라의 오래된 병증이니, 나라가 피폐해지고 백성이 잔약해지는 것이 오로지 뇌유 때문이다. 그런데 조정에서는 금지하지 않을 뿐만 아니라 도리어 가르치고 있다.

우선 한 가지 사례를 들어 보자면, 중국에 가는 사신은 지방의 각 고을에 편지를 보내 여비를 요구하는데 정해진 액수가 없다. 그러면 음관蔭官이나 무관武官 출신 수령들은 서로 질세라 재물을 실어 나른다. 또 나라의 연회나 국상國喪 등 큰 일에도 반드시 각 고을에서 거두어들이는데, 그러면 고을에서는 동네와 마을에 분담시켜 거두어들이면서 매우 가혹하게 독촉한다. 조정이 앞장서서 이렇게 하면서 오히려 남들이 뇌물 주는 것을 금지할 수 있겠는가.

각 고을에서는 명절에 반드시 선물을 보낸다. 그런데 자리에나 연연하는 무식한 무리들은 반드시 이것을 벼슬자리에 나아가는 기회로 삼는다. 전임자가 이미 많이 실어 보냈으니 후임자는 다투듯이 더욱 많이 보낸다. 더욱 많이 보낸 것을 유능하다 하고 그렇지 않으면 중상모략을 한다. 이 재물이 나라에 바칠 것을 줄여 주고 그 대신 받은 것이 아니라면 어디에서 구해 온 것인가? 받은 사람이야 편안하게 여기겠지만 백성들은 점점 궁핍하게 된다.

대부분의 경우에 이러하기 때문에 조정에서는 예사롭게 생각하니 높고 낮은 관원들이 이로 인하여 주고받는 것이 풍조를 이루었다. 물건 하나 바치는 것은, 받아들이는 관가官家에서는 사소한 일이지만, 많은 백성이 같은 물건을 사서 바쳐야 하기 때문에 갈수록 가격이 폭등하여 도처에서 백성의 재물이 고갈되니 이런 일을 어찌 그만두어서는 안 된다는 말인가.

법이라는 것은 조정에서부터 지켜야 한다. 연회나 사신의 비용은 반드시 국가의 경비에서 마련해 주고 백성에게는 부세賦稅 이외에는 더 걷지 못하도록 해야 한다. 여러 고을에서 바치는 선물은 옛날 윗사람이 요구하지 않아도 바치는 선물인 의장義贓이라는 것인데, 비록 말채찍이나 신발 같은 사소한 물건이라도 모두 막는 것이 마땅하다.

지난번에 물품의 수량을 정하자는 건의가 있었다. 그러나 사사로이 주고받는데 누가 그것을 살필 수 있겠는가. 또 만약 오래된 폐단을 갑자기 금해서는 안 된다고 한다면 사헌부 감찰司憲府監察에게 명하여 관할하도록 하는 것이 마땅하다. 무릇 지방 고을에서 조정의 신하에게 선물을 보낼 때는 반드시 물건의 품목을 적은 문서를 먼저 사헌부에 아뢰어 도장을 받아서 증거로 삼고 그런 뒤에 받는 것을 허락한다. 법도를 어기면서 많이 보내면 사헌부와 사간원의 관원이 그 사실을 들어서 논핵한다. 이렇게 하면 오직 비루하고 저열한 사람들을 제외하고는 반드시 감히 벌을 무릅쓰고 주고받지 않을 것이다. 이 또한 백성을 돕는 한 가지 단서이다.

지방관 등 하급 관원이 중앙의 상급 관청이나 관원에게 보내는 뇌물 성격의 선물인 뇌유에 대해 논한 글이다. 성호는 뇌물 성격의 선물을 나라가 힘이 없고 백성이 가난해지는 원인이라고 비판하였다. 지방 고을 수령이 선물로 보내는 물품은 모두 백성에게 거두어들이는 것이고, 백성에게 정해진 부세 외에 추가로 징수하는 것이 많아지면 백성이 가난해진다고 진단하였다.

성호가 제시한 대안은 크게 두 가지이다. 첫째는 나라에서 조장하거나 방치하는 뇌유를 없애는 것으로, 사신의 여비나 나라의 연회, 국상 등 큰일의 비용을 국가의 경비로 조달하고 별도로 각 지방 고을에 요구하지 말아야 한다는 것이다.

둘째는 지방관이 보내는 뇌유를 방지하자는 것이다. 상관이 요구하지 않아도 바치는 선물도 받지 말아야 한다고 하면서도, 전면적으로 금지하는 것이 아니라 먼저 사헌부에 목록을 보낸 다음 선물을 보내도록 허락하고, 지나치게 많을 경우에만 사헌부와 사간원에서 논핵하게 하는 소극적인 대안을 제시하고 있다.

바로잡아야 한다고 말하면서도 적극적인 개혁 방안을 제시하지 않은 이유는 무엇일까?

성호는 「전지의 총조사에 대하여 논함論括田」에서 "우리나라의 녹봉은 너무 박하여 많은 관료와 아전들이 모두 먹고살기에 부족하다. 따라서 형편상 부득이하게 법에서 정한 것 외에 더 걷지 않을 수가 없다. 그렇지 않다면 장차 살아 나갈 방도가 없을 것이다. 이 때문에 삼공三公 이하 관리들이 으레 지방의 각 고을에서 보내오는 뇌유를 받아서 위로는 부모를 모시고 아래로는 처자를 기른다."라고 하여, 뇌유가 없어지지 않는 원인이 녹봉이 박하기 때문이라고 간파하였다.

관원은 박한 녹봉이라도 받았지만, 아전들은 녹봉이 거의 없었다. 아전들이 수행하는 업무 과정에서 발생하는 각종 수수료 성격의 비용이 녹봉을 대신하였다. 때문에 각종 행정 업무에서 작은 편의라도 얻으려면 반드시 뇌물을 주었는데, 이렇게 주는 뇌물을 '인정人情'이라고 하였다. "우리나라를 본래 인정의 나라라고 이르는데, 이는 큰일이나 작은 일이 뇌물로 말미암아 이루어지지 않는 것이 없기 때문이다."라는 성호의 말은 관원에게 주는 뇌물이 얼마나 일반적인 것이었는지 미루어 짐작하게 한다.

뇌유든 인정이든 모두 이해관계를 좌우하는 상대에게 잘 보이기 위해 주는 물품이니 뇌물이 아니라고 할 수 없다. 때문에 뇌유로 보내는 물품의 수량을 정하자는 건의도 있었고, 전세田稅나 대동미大同米 등을 납부할 때는 별도로 '인정가人情價'라는 부가 비용을 법으로 정해 놓기도 하였으나, 그대로 지켜지기는 어려운 구조였다.

성호가 정상기에게 보낸 편지에서 뇌물에 대해 "우리나라 사람들이 뇌물을 좋아하여 물리지도 않는 것은 법이 시켜서 그런 것이다."라는 일갈은 그 핵심을 지적한 것이라 할 만하다.

균전을 논함
論均田

정전제井田制를 회복할 수는 없는데, 정치가 끝내 옛날만 못하기 때문이다. 장재는 "이 법이 시행된다면 기뻐하는 사람이 많을 것이다."라고 하였지만, 이는 아마도 그렇지 않을 것이다. 기뻐하는 사람이 백 명이고 기뻐하지 않는 사람이 한 명이라도, 한 명의 힘이 백 명의 입을 다물게 할 수 있으니, 어떻게 시행할 수 있겠는가.

부자는 두둑이 이어질 정도로 농토가 수없이 많아도 가난한 사람은 송곳 세울 만한 땅도 없다. 그래서 부자는 더 부자가 되고 가난한 자는 더욱 가난해진다. 내가 백성들이 파산하는 이유를 살펴보니, 분수를 지키지 않아 생활을 절제하지 못해서이기도 하고, 남에게 빚을 내서 쓰고는 불어나는 이자를 감당하지 못해서이기도 하다. 무릇 관청의 착취와 토호土豪의 횡포는 모두 백성의 재산을 파탄 내기에 충분하다. 파산할 만한 실마리가 아홉이면 유지할 만한 형편은 하나이니, 이런 상황에서도 파산하여 고향을 떠나 떠돌지 않는 자가 있다면 그것은 요행히 모면한 것이다.

집은 없어져도 농토가 남아 있으면 혹여 다시 일어나기도 하겠지만, 파산하면 결국에는 반드시 농토가 없어지니, 재물을 늘리는 탁월한 지혜를 가진 자가 아니라면 어떻게 손을 써 보겠는가. 농토를 파는 데는 까닭이 있다. 처음에는 혹 비단옷 입고 고기반찬 먹고 싶어서이지만, 마침내는 죽으로도 끼니를 잇지 못하여 파는 것이다. 또는 주인이 노비를 겁박하여 빼앗기도 하고, 토호가 힘없는 백성을 윽박질러 요구하기도 한다. 이 때문에 농토는 없어지고 백성은 나날이 곤궁해진다. 그래서 나라를 세운 이들은 모두 이 점을 걱정하였다.

우리나라는 고려 원종元宗과 우리 태조대왕께서 규례를 정하여 수전법受田法을 시행하였다.* 그러나 농토가 많은 사람은 반드시 세력이 강하니, 어찌 자기 농토를 덜어 가는데도 공손히 기다리겠는가. 역시 끝내 백성들은 그 혜택을 입지 못할 것이다.

한漢나라 말기에 한민명전법限民名田法*이 있었는데 정전법井田法에 비하여 시행하기에 조금 쉬운 듯하였지만 역시 권세 있는 귀족들에게 막혀서 시행되지 못하였다. 송나라 소

* 우리나라는……시행하였다 : 고려 원종이 1269년 전민변정도감田民辨整都監을 설치하여 토지 개혁을 시도한 것과 조선 태조가 정도전鄭道傳의 건의를 받아들여 계민수전計民授田을 통한 균전均田을 이루려고 했던 것을 말한다.

* 한민명전법限民名田法 : 백성들에게 일정 면적 이상의 토지를 소유하지 못하게 하는 일종의 토지 소유 상한법이다.

순蘇洵은, 기왕에 가진 농지를 줄이는 것을 요구하지 않는 대신에 더 이상의 농토를 많이 점유하는 것은 금지하려고 하였다. 그러나 농토가 이미 많아서 제한을 넘긴 것은 덜어 내지도 못하면서, 단지 재산을 모아서 농토를 많이 사는 것만 금지한다면 막을 수가 있겠는가.

내가 일찍이 깊이 연구하여 한 가지 방법을 생각해 냈다. 크게 대단한 것은 아니지만, 만약에 내 뜻과 같이 시행하여 상당 기간 지속될 수 있다면 혹 조금은 효과를 볼 것이다.

국가에서는 마땅히 한 가구의 재산을 조사하는데, 농지의 소유를 얼마까지 제한하여, 그것을 영업전永業田으로 삼는다. 당나라의 제도와 같이 하여 영업전보다 많은 경우에 줄이거나 빼앗지 않고, 영업전에 미치지 못하는 경우에도 더 주지 않는다. 값을 지불하고 사려는 사람은 비록 천 결, 백 결이라도 모두 허용하고 농지가 많아서 팔려는 사람은 영업전을 제하고 남은 농지만 파는 것을 허락한다. 많아도 팔기를 원하지 않는 사람에게는 강제하지 않으며, 모자라는데 살 능력이 없는 사람도 재촉하지 않는다. 오직 영업전의 한도 내에 속하는 농지인데도 팔거나 사는 자가 있는 곳을 철저히 조사하여 산 사람은 남의 영업전을 빼앗은 죄로 다스리고 판 사람은 몰래 판 죄로 다스린다. 산 사람에게는 값이 얼마이든 간에 돌려주며, 또한 농지의 주인이 스스로 관청에 가서 알리면 죄를 면해 주고 자신의 농지를 추산하여 돌려받게 한다.

무릇 농지를 사고팔 때에는 반드시 관청에 알린 뒤에 거래가 성사되도록 하며, 관청에서도 토지 문서를 상고하여 확인한 뒤에 문서를 작성하여 발급해 준다. 토지 문서에 도장이 없는 경우에는 송사訟事를 허락하지 않는다. 이렇게 하면 비록 그 효과가 빠르게 나타나지는 않겠지만, 두고두고 그 덕을 보게 될 것이다. 어째서인가?

내가 한 마을을 살펴보니, 지난해에 몇 집이 파산을 했고 올해에 또 몇 집이 파산을 했다. 파산하는 것을 보면 처음에는 농지를 많이 가진 사람은 나중에 적게 가지게 되고, 처음부터 농지가 적었던 사람은 농지를 모두 잃게 된다. 이미 농지가 없으니 어떻게 파산하지 않겠는가. 백성의 재산을 통제하는 수령이 비록 여기서 빼앗아서 저기에 줄 수는 없겠지만, 가난한 백성이 만약 지금 가지고 있는 남은 땅이나마 항상 지켜서 농사지어 먹고살 밑천으로 삼는다면 어찌 조금은 도움이 되는 방법이 아니겠는가.

농지를 파는 사람은 모두 반드시 가난한 백성이다. 지금 교활한 아전과 부유하고 힘 있는 장사치가 천만금의 돈을 가지고 어느 날 아침 가난한 백성들의 땅을 많이 사들여서 임금 같은 호강을 누린다면 파산한 백성이 단지 눈앞에 가득한 데 그치지 않을 것이니, 그 폐해가 끝이 없을 것이다. 가난한 백성들이 농지를 팔지 못하게 하면 파는 자가 없어져서 농지를 많이 사 모으는 것도 줄어들 것이다. 가난한 백성 중에 혹시 지혜와 능력이 땅을 살 정도가 되면 그들은 한두 뼘이라도 살 것이고, 그렇게 되면 늘어나는 땅은 있으나 줄어드는 땅은 없으니 쉽게 가산을 일으키게 될 것이다. 부유한 백성이 가진 농지가 비록 많지만 아들이 많아서 나누어 가지기도 하고, 불초한 아들을 낳아서 파산하기도 할 터이니 몇 세대를 지나지 않아서 평민들과 같아질 것이다. 이렇게 하면 점점 더 균전均田의 제도가 완성되어 갈 것이다.

가난한 가구가 눈앞에 닥친 파산의 근심을 벗어난다면 가난한 사람들이 진실로 기뻐할 것이다. 부유한 가구는 비록 가산을 탕진하기는 하였지만, 영업전은 여전히 그대로 있으니 부자로서 후손을 걱정하는 사람들도 역시 장차 기뻐할 것이다. 이렇게 되면 시행은 쉽고 효과는 반드시 있을 것이니 이것이 내 주장의 대강이다. 후략

성호가 살던 시대는 상업의 발달과 함께 농업의 구조도 변화하여, 넓은 토지를 소유한 대규모 농장이 확대되는 대신 농지를 잃고 유랑하는 농민도 늘어나고 있었다. 성호는 농민이 파산하는 직접적인 원인을 농토가 없기 때문이라고 파악하고, 소농이 안정되는 것이 사회

안정과 직결된다는 전제하에 농민이 일정 정도의 토지를 소유할 수 있는 방안을 강구하였다.

정전제는 유교의 이상적인 토지 제도로 농민이 균등하게 토지를 소유하고 공동 경작지의 수확물을 세금으로 내는 제도인데, 토지의 사유화를 넘어 겸병兼倂에 의한 대토지 소유가 확산되어 가던 당시에 당장 시행할 수 있는 제도는 아니었다. 성호는 정전제의 전 단계로 균전제均田制를 설정하였는데, 균전제 역시 곧바로 실현할 수 없는 상황이므로 토지 소유 상한제인 한전제限田制를 먼저 시행해야 한다고 제안하였다.

성호의 한전제는 매우 온건하고 완만한 방법으로, 현실의 토지 소유를 인정하면서 한 가구가 최소한 소유해야 하는 영업전의 한계를 정하고 그에 해당하는 토지는 사고팔지 못하도록 하며, 많은 토지를 가진 사람들은 더 이상 토지를 사지 못하게 하고 상속 등의 방법을 통해 오랜 기간에 걸쳐 서서히 균전의 방향으로 나아간다는 것이다.

화폐를 논함

論鑄錢

모두들 말하기를 "돈을 만들지 않으면 돈이 귀해지고 쌀값이 폭락하여 농민에게 해를 끼친다."라고 한다. 이런 주장은 예전부터 있었는데, 나는 아무리 생각해도 이해하지 못하였다. 이른바 해를 끼친다는 것은, 백성은 곡식으로 다른 물건을 교환하는데 물건이 귀해지면 곡식이 많이 들기 때문이다.

무릇 백성이 필요한 것은 의복과 음식뿐이다. 벼가 없으면 보리를 먹고, 보리가 없으면 콩을 먹어서 굶주림을 면할 수 있다. 비단이 없으면 솜옷을 입고, 솜옷이 없으면 가죽을 입어서 추위를 면할 수 있다. 예컨대 이제 제주같이 더운 곳에서 개가죽을 입고, 함경도같이 추운 곳에서 삼베옷을 입어도 살아갈 수는 있다. 그 땅에서 나는 것으로 그 땅에서 사는 사람들이 살아갈 수 있으니, 밭 갈아서 먹고 옷감 짜서 입으면 충분하지 하필 곡식을 가지고 먼 곳에 있는 물건을 바꾸고 난 다음에야 살아갈 수 있다는 것인가.

반드시 물건을 팔고 사며 그치지 않는 자는 바로 사치에 힘쓰는 사람이니, 사치에 힘쓰자면 먼 곳에 있는 진귀한 물건이 아니고서는 안 되기 때문이다. 이것이 어찌 나라에서 권장할 일이겠는가. 만약 동전이 유통되지 않게 한다면 비록 화려하게 사치하고 싶은 마음이 있다고 한들 또한 어찌할 수 없어서 마침내 부득이 검소한 습속으로 돌아갈 것이니, 이것이 곧 이익이 되는 까닭이다.

내가 보건대, 동전을 유통한 이후에 운송하는 일은 극히 편해졌으나 소박한 풍습은 날로 사라졌다. 도도한 물결처럼 풍조가 되어 주위에서 보고 배운다. 그래서 자신의 재력은 따져보지도 않고 부득이 사치할 수밖에 없게 된다. 그런 까닭에 사치를 금하는 데는 화폐 제도를 폐지하는 것보다 좋은 방법이 없다고 한 것이다.

국가가 거두는 세금은 각각 그 땅에서 나는 물자로 마련할 수 있으니 세금으로 내는 물자 때문에 농민에게 해를 끼쳤다는 경우는 보지 못하였다. 동전이 비록 유행하지만 동전은 백성에게서 나오는 것이 아니다. 곡식을 가지고 동전으로 바꾸니 농민을 더욱 심하게 해친다. 그러나 이것을 가지고 오히려 화폐가 귀하기 때문이라고 핑계 대지만 만약에 화폐가 없었다면 처음부터 이런 폐해는 없었을 것이다.

천하를 가지고 말하자면 우리나라에서 중국의 상품을 유통하니 그 피해가 이루 말할 수 없이 크다. 각종 장식품과 기이한 물건들 가운데 하나라도 누가 구하여 쓰면 구하지 못한 자는 부끄럽게 여기고, 그것을 본 자는 놀란다. 만약 교역을 하지 않으면 사람들이 장차 모두 죽는다는 것인가. 이것으로 미루어 보면 우리나라 팔도가 상고 시대에는 각각 나라를 세워 나뉘어 있었다. 당시에 반드시 모두 물자를 교역하지는 않았을 것인데 당시 사람들은 어떻게 목숨을 유지했겠는가. 이로 보면 물화를 유통해야 한다는 주장은 부귀한 사람들을 위한 주장이지, 일반 백성을 위한 계책은 아니다. 백성은 빈천하니, 유통하지 않아서는 안 되는 것은 오직 소금이나 쇠로 만든 도구 따위이다. 무엇하러 먼 곳에 있는 물자가 필요하다는 것인가. 후략

17, 8세기는 상업이 발달함에 따라 동전의 유통이 활발해진 시기로, 조선 시대의 대표적인 동전인 상평통보常平通寶를 쓰기 시작한 때가 1678년이다. 성호는 17세기 말에 태어나 18세기 후반까지 살았으니 동전 유통의 확대가 끼친 영향을 직접 목격하였을 것이다.

성호는 동전의 불필요함을 강조하였고 한 발 더 나아가 동전 무용론을 주장하기도 하였다. 성호의 이러한 생각은 당시 중심 산업이던 농업과 부세와 군역의 담당자로서 국가의 근간인 농민을 중시하고 상업을 억제해야 한다는 입장에서 나왔다. 즉 동전과 쌀 등의 곡식, 포목이 함께 화폐의 기능을 하는 구조에서 동전의 사용이 늘어나는 것은

쌀과 포목을 생산하는 농민들에게 매우 불리하였기 때문인데, 이는 풍흉에 따라 쌀값의 변화가 매우 심하던 당시 경제 구조와 재정의 부족을 동전을 새로 주조하는 방식으로 타개하려 한 정책 때문이기도 하였다.

또한 동전의 이점은 유통이 편리하다는 것뿐이지만, 곡식과 포목은 유통도 가능하고 곧바로 의식의 문제도 해결할 수 있다는 지금의 관점으로는 매우 소박한 견해를 드러내기도 하였는데, 성호 자신이 농촌에 살면서 농업을 생계 수단으로 하고 있었으므로, 가까이에서 농촌의 변화와 농민의 고충을 살핀 결과이기도 할 것이다.

또한 당시 사치가 중요한 사회 문제로 대두되었고, 조정에서도 가체加髢를 금지하는 등 사치 풍조를 억제하기 위한 여러 조치를 내렸다. 성호는 상품과 동전의 활발한 유통이 사치가 성행하는 한 원인이라고 판단하였기 때문에 더욱 동전 유통에 부정적인 생각을 가지게 된 것이다.

노비를 논함
論奴婢

사람들은 우리나라의 노비세습법이 기자箕子의 팔조법금八條法禁에서 비롯되었다고 말한다. 그러나 기자가 이 법을 만든 것은 분명히 아니며, 후대의 잘못된 법규에서 비롯되었을 것이다. 고려 태조太祖는 일찍이 포로를 해방시켜 양인良人을 만들고자 하였으나 그렇게 하지 못하였다. 정종靖宗 때에는 노비종모법奴婢從母法을 정하였으니, 이는 천한 노비들은 어미는 알지만 아비는 모르므로 만약에 아비를 따르게 하면 분쟁이 발생할 여지가 많았기 때문이다. 성종成宗은 또 속전贖錢을 내고 양인이 된 자가 세월이 오래 지나면 혹 원래의 주인을 업신여기지 않을까 우려하여 드디어 원래의 주인에게 욕하거나 주인의 친족과 맞서는 자는 도로 노비로 삼는다는 환천법還賤法을 만들었으니 참으로 심한 일이었다. 당시 안축은 "내 평생에 아무것도 일컬을 만한 일이 없으나, 다만 네 번 전법사典法司의 관원이 되어 억울하게 노비가 된 백성은 반드시 바로잡아 양인으로 만들었다." 하였으니, 어진 사람의 마음 씀씀이라 할 만하다.

지금은 더욱 가혹한 점이 있다. 그 아비가 종이고 그 어미는 양인이면 또 아비를 따라서 종으로 만들었다. 사람에게는 부모가 둘이고 조부모가 넷이니, 고조부모에 이르면 열여섯이 되는데 그중에 하나라도 천한 이가 있으면 모두 종이 되는 것을 면하지 못하며, 만대萬代가 지나도 벗어날 수 없다. 결국에는 나라 안에 천한 자가 열에 아홉이고, 한번 노비가 되면 비록 성현 같은 재주가 있더라도 평민의 반열에 낄 수 없을 것이니 어찌 애처롭지 않겠는가.

비단 이뿐만이 아니다. 동방이 예로부터 나라는 가난하고 국방은 약하여 스스로 떨쳐 일어나지 못하였던 것은 모두 이 법의 폐해 때문이었다. 무릇 백성은 몸이 있으므로 신역身役이 있고 집이 있으므로 호역戶役이 있는데, 이는 모두 나라에 종속된 것이다. 그런데 지금의 법에는 모든 노비는 그 주인을 위하여 일하고 신공身貢을 바치도록 하니, 사가私家의 권한이 너무 크다. 나라에서 백성에게 세금을 부과하는 것은 모두 정해진 제도가 있어서 비록 탐관오리라도 감히 마음대로 하지 못한다. 그런데 그 주인으로 하여금 각자 자기 노비를 관할하게 하니 주인들이 마음대로 탐욕을 부린다. 나라가 백성에 대해서 남자에게만 역役을 부과하는데, 주인은 노비에 대해서 남자와 여자에게 각각 역을 부과하니 지아비 하나에 지어미 하나 있는 집을 주인이 다르다는 이유로 두 주인이 번갈아 침학하여 소소한 일은 물론이고 인륜에 어긋나는 망녕된 일까지 시켜서 반드시 힘이 다할 때까지 부려 먹고서야 그만두니 백성들은 더욱 가난해지는 것이다.

백성 가운데 양정良丁이 열에 하나도 되지 않는데 그들에게 군포를 거두어 나라의 경비로 삼는다. 그러나 노비는 이에 포함되지 않으니 경비가 넉넉하지 못하여 양정이 바쳐야 하는 군포의 숫자는 더욱 심하게 늘어나게 되었다. 그렇기 때문에 양정들이 승복을 입고 중이 되거나 몸을 맡겨 노비가 되니 군포를 내는 양정의 수효는 더욱 줄어든다.

무릇 상민常民 중에 준수한 인재는 과거에 급제하여 벼슬을 하고 나머지는 모두 고향에서 농사짓는 것은 이치로 보나 형편으로 보나 당연한 일이다. 그런데 지금은 벼슬한 증조부나 조부도 없고, 재주와 능력도 없으며, 문관도 아니고 무관도 아닌 사람들이 앉아서 노비를 부리며 편안하게 부귀를 누리는 까닭에, 농사지을 사람이 거의 없다. 혹 어떤 사람이 너무도 곤궁하여 비록 몸소 농사를 짓고 싶어도, 이미 벼슬이 없는 사람도 농사를 짓지 않는 것이 하나의 풍조를 이루었기 때문에 그도 사람들을 흉내 내면서 감히 농사일을 하지 못한다. 그래서 땅에서 나오는 이익은 얻지도 못하면서 부질없이 소모하는 비용만 많다. 이것은 모두 노비법이 마땅함을 잃었기 때문이다.

어미를 따라 노비가 되는 것에 아비를 따라 노비가 되는 것을 겸하게 한 정책이 잘못되었다는 것은 선배들이 이미 충분히 설명하였으므로 이제 의심하지 말고 조속히 바로잡으면 된다. 그렇게 하기 위해서는 먼저 문적文籍에 대한 법을 밝혀서, 주인은 노비를 등록하고 노비는 그 주인을 등록한다. 그리고 노비가 100구口가 넘는 경우에는 먼저 그 주인에게 100구를 정하게 한 다음, 나머지 노비는 스스로 속전을 내고 양인이 되게 한다. 이때 관官에서는 반드시 값을 가볍게 정하며 아전이 주인에게 값을 가져다 주고, 능력이 안 되어 바치지 못하는 자는 몇 년을 기다리거나 관에서 속전을 내준다. 그 밖에 내수사內需司, 각 관청, 역驛, 원院에 소속된 노비는 그 수가 극히 많으니 모두 일정한 숫자로 한정하고 그 나머지는 또한 규례대로 점고點考하여 병사로 삼는다.

또 반드시 주인의 문적과 노비의 문적에 대하여 공문을 주어서 증빙하게 하여 섞거나 바꾸는 것을 용납하지 말아야 하니, 분명하게 하는 것이 요점이다. 이 법을 시행하여 3년이 되어도 구별하지 못하는 경우에는 더 이상 소송하는 것을 허락하지 않는다.

그런 다음에 천한 노비들도 과거에 응시하는 것을 허락한다. 응시자 가운데 문무과 및 진사에 합격한 자는 관에서 값을 내어 속전을 바치고 양인이 되게 해 준다. 또 사서四書 중

하나 이상의 경서에 밝은 자는 3년에 한 번씩 서울과 각 도에서 시험을 치게 하되, 권卷마다 각각 한 조목을 묻는 것으로 문제를 삼아서 자신의 생각을 써서 답안을 내도록 한다. 말뜻이 어긋나지 않은 자 약간 명을 뽑아서 또한 위와 같은 규례에 따라 관에서 속전을 내고 양인이 되게 해 준다. 이렇게 하면 노비는 점점 줄어들고 나라는 반드시 힘을 입을 것이다. 그리고 정말로 비범한 재주가 있다면 관리로 등용하는 것이 도리에 무슨 해가 되겠는가.

노비 제도에 대한 개혁안이다. 성호는 기자의 팔조법금에 "남의 물건을 도둑질한 자는 적몰籍沒하여 그 집 노비로 삼는다."는 조문이 있지만, 기자는 당사자만 노비의 일을 하게 했을 뿐이고 노비 신분이 상속되도록 한 것은 고려 태조 때 전쟁 포로를 물려받는 규정에서 시작되었다고 하여, 기자가 노비세습법을 창시하였다는 종래의 견해를 부정하였다.

성호는 노비 제도의 문제점을 두 가지 측면에서 조명하고 그 대안을 제시하였다. 첫 번째는 노비도 같은 사람이라는 입장에서의 문제 제기이다. 종모법從母法의 원칙이 있는데도 종부법從父法까지 적용하여 부모 중 한 사람이 노비이면 대대로 노비가 될 수밖에 없는 현실의 불합리함을 지적하고, 주인이 다른 노비의 집에 대해 남자와 여자에게 중첩하여 역을 부과하며, 노비를 과도하게 부리는 것을 문제 삼았다. 두 번째는 국가의 재정, 군정 측면에서의 문제 제기이다. 노비는 국가에서 부과하는 역을 지지 않고 오로지 주인에게만 봉사하기 때문에 나라의 역을 부담하는 백성의 수효가 줄어 재정은 부실해지고 군사력도 약화되며 백성의 부담도 가중된다는 것이다.

성호는 노비 제도를 전면 부정하지는 않으면서도 매우 혁신적인 개혁안을 제시하였다. 개인과 각 관청 등이 소유할 수 있는 노비의 수효를 제한하여, 개인의 노비는 속전을 내고 양민이 될 수 있도록 하고 관청의 노비 역시 규정한 수효 이외에는 양민으로 군적軍籍에 등록해야 한다는 것이다. 이렇게 되면 노비의 수효를 적절히 조정하고 양민을 확보할 수 있다고 보았다.

다른 하나는 노비에게도 과거 응시를 허락하고, 급제한 자는 관에서 속전을 내주어 양민이 되게 하며, 경서 시험을 통해서도 노비가 양민이 될 수 있는 길을 열어 놓았다. 그리고 관직에 나갈 능력이 있는 노비에게는 관직을 주어야 한다고 주장하였다. 서얼의 벼슬길도 제한되어 있던 시기인 것을 감안하면 성호의 주장이 얼마나 파격적인 것인지 짐작할 수 있다.

붕당을 논함
論朋黨

붕당은 투쟁에서 나오고, 투쟁은 이해利害에서 나온다. 이해가 절실하면 붕당은 심각해지고 이해가 오래되면 붕당은 강고해지니, 형세상 그렇게 되는 것이다. 어떻게 그렇게 되는 것을 분명히 아는가?

지금 열 명이 똑같이 배가 고프다. 밥은 한 그릇인데 모두 숟가락을 들이대니 밥그릇이 비기도 전에 싸움이 일어났다. 따져 보니 말이 공손치 않은 자가 있었다. 사람들은 모두 싸움이 말 때문에 일어났다고 믿었다. 다음 날 또 밥 한 그릇을 열 명이 함께 먹는데, 그릇이 비기도 전에 또 싸움이 일어났다. 따져 보니 태도가 불경한 자가 있었다. 그래서 사람들은 모두 싸움이 태도 때문에 일어났다고 믿었다. 다음 날 또 이와 같은 일이 있었다. 따져 보니 행동이 난잡한 자가 있었다. 드디어 한 사람이 성을 내자 모든 사람이 벌 떼처럼 일어났다. 처음에는 대수롭지 않은 일이었는데 종내는 커졌다. 입에 거품을 물고 눈을 부라리면서 싸우니 왜 이렇게 과도하게 되었는가.

길거리에 다니는 사람들을 살펴보자. 팔을 흔들면서 오는 사람도 있고 성큼성큼 걸어가는 사람도 있다. 그중에는 말이 덜 공손하고, 태도가 좀 불경하며, 행동이 난잡한 사람이 얼마나 많은가. 그런데도 밥 한 그릇을 앞에 놓고 있는 배고픈 열 사람처럼 사납게 싸우지는 않는다. 이를 보면 싸우는 이유가 말이나 태도, 행동 때문이 아니라 바로 밥 때문이라는 것을 알게 된다. 그러나 본질을 모르고 현상만을 문제 삼는 사람은, 말로 말미암아 싸움이 났다고 생각하여 공손했으면 이런 싸움이 없었을 것이라고 할 것이고, 태도 때문에 싸움이 났다고 생각하여 불경하지 않았으면 이런 싸움이 없었을 것이라고 할 것이다. 이는 이해의 근원이 여전히 그대로라는 것을 전혀 몰라서이다. 이런 식으로 현상에만 대처한다면 수많은 문제들을 다 해결할 수 없을 것이다.

가령 오늘 밥 한 그릇을 놓고 싸우던 사람들에게 내일 밥상을 하나씩 차려 주어 배불리 먹여 보자. 그래서 그 싸움의 원인을 제거해 버린다면, 한때 서로 물고 뜯으며 싸웠던 저들은 편안해져 싸움을 그치고 더 이상 성을 내지도 않을 것이다. 처첩이 한방에서 싸울 때 반드시 한쪽의 잘못이 있다. 하지만 그 잘못 때문에 저 지경이 되는 것은 아니니, 남편의 사랑이 고르지 않았기 때문이다. 형제가 한집에서 싸울 때 반드시 한쪽의 잘못이 있다. 그러나 반드시 그 잘못 때문에 이 지경이 되는 것은 아니니, 집안의 재물이 넉넉하지 않았기 때문이다.

나라의 붕당도 무엇이 이와 다르겠는가. 그 근원을 추적해 보면 불과 어떤 한 사람에 대해 선악善惡을 달리 말하거나, 아니면 어떤 한 가지 일에 대해 경중輕重을 다르게 본 것일 뿐이다. 그저 마음속으로 비방하고 입으로 헐뜯었을 뿐이니, 너무나 하찮은 일인데 안에서는 피가 터지도록 서로 치고받고 싸우고 밖에서는 개가 짖듯이 시끄럽게 싸운다. 부월斧鉞을 잡고 군대처럼 명령을 내리지도 않는데 사람마다 절대 생각을 바꾸지 않으니, 무엇 때문인가?

지금 조정의 커다란 뜰에 백관을 불러 모아서 좋고 나쁨을 가려 보자. 사람들이 자기 생각대로 좋다고도 하고 나쁘다고도 할 것이다. 그러나 관직을 양보하고 품계를 사양하여 서로 간에 모함하거나 배척하지 않는다면, 시비는 시비대로 가려질 것이고 조정은 조정대로 하나가 되어서 분열하지 않을 것이다. 무엇 때문에 붕朋을 나누고 당黨을 갈라서 하루도 쉬지 않고 싸우는 지경에까지 가겠는가.

그렇다면 붕당이라는 것은 어디에서 발생하는가? 그 이유는 과거科擧를 너무 자주 보아서 뽑은 사람이 너무 많아졌기 때문이며, 임금이 사랑하고 미워하는 것을 편파적으로 하여 벼슬을 주고 빼앗는 것에 원칙이 없어졌기 때문이다. 당나라의 당파黨派가 바로 이것이다.

당나라 사람들은 오로지 과거만을 제일로 생각하였다. 그런데 과거라는 것은, 나라가 인재를 구하는 것이 아니라 인재가 나라에서 쓰이기를 구하는 것이다. 때문에 들판 가득 열심히 농사짓던 사람들이 모조리 벼슬길로 나아가 출세하려는 소망을 가지게 되었다. 그러다 보니 육갑六甲도 모르면서 오언五言부터 짓는다. 거의 과거에 합격할 정도만 공부를 하는데 그렇다고 합격하는 것은 아니다. 만약 요행히 합격하면 공경公卿이 되고 대부大夫가 되는 것을 당연하게 생각한다. 그래서 합격하지 못한 사람은 달갑게 여기지 않는 것이다. 그 밖에도 벼슬에 나아가는 길이 더욱 번잡하게 많아졌다. 그래서 이른바 관원의 자리는 적고 지원자는 많으니 어떻게 할 방법이 없다.

그러자 사람을 자주 바꾸고 번갈아 자리를 주며, 혹은 이 자리를 없애고 저 자리를 만든다. 교체되면 실망하고 내쳐지면 원망한다. 이는 재물을 준다고 해 놓고는 주지 않는 것과 같으니, 사람들의 욕심만 더욱 돋운다. 한정된 재물을 가지고 끝없는 사람들의 요구에 대응하니 싸움이 생기는 것은 참으로 당연하다. 또 한 사람이 벼슬자리에 나아가면 그림자처럼 따르고 메아리처럼 답하던 자들이 모두 그 남은 찌꺼기로 배를 채울 만하니 당이 나뉘는 것도 당연하다.* 이것을 가리켜

* 한 사람이……당연하다 : 한 사람이 벼슬에 나아간다는 것은, 인사권을 가진 이조의 낭관郎官인 정랑正郎이나 좌랑佐郎이 되는 것을 가리킨다. 이조의 낭관, 즉 전랑銓

과거가 빈번하다는 것이다. 중략

우리나라는 중세 이래로 간인奸人이 권세를 부려 사화士禍가 계속되었다. 앞에는 무오년1498 연산군 4과 갑자년1504의 살육이 있었고, 뒤에는 기묘년1519 중종 14과 을사년1545 명종 즉위년의 잔학이 있었다. 한때의 충신과 현사賢士가 거센 물결 속에서 함께 죽었지만 그래도 붕당이라는 이름은 없었다. 선조 때부터 하나가 나뉘어 둘이 되고, 둘이 갈라져서 넷이 되었으며, 넷은 또 갈라져서 여덟이 되었다. 당파를 대대로 자손에게 세습하여 당파가 다르면 서로 원수처럼 여기며 죽였다. 그러나 당파가 같으면 함께 조정에 나아가 벼슬하고 한마을에 모여 살아서 다른 당파와는 늙어 죽을 때까지 서로 왕래하지 않았다. 따라서 다른 당파의 길흉사에 가기라도 하면 수군거리며 떠들고, 다른 당파와 혼인하면 무리를 지어 배척하고 공격하였다. 심지어는 말씨와 복장까지도 서로 다르게 하니, 길에서 만나더라도 어떤 당파라고 지목할 수 있었다. 당파가 다르다고 하여 꼭 동네를 달리하고 풍속을 달리하고야 마니, 아아, 참으로 심하다. 이제 그 까닭을 지난 자취를 통해서 연구해 볼 수 있다.

郞은 청요직淸要職의 핵심인 사헌부, 사간원, 홍문관 등 이른바 삼사 당하관의 통청권通淸權을 가지므로, 자기 당파의 사람들이 관직에 대거 진출할 수 있는 바탕이 되었다. 따라서 전랑을 중심으로 한 파벌의 형성은 당연하다는 것이다.

우리나라의 인재 등용은 오로지 과거에 의존하였다. 처음에는 뽑는 숫자가 적었는데, 선조 이후로 점점 늘어나기 시작하여 지금에 와서는 극도로 많아졌다. 북조北朝 때 최량崔亮은 "열 명마다 한 자리를 주어도 오히려 줄 자리가 없다."라고 하였는데, 바로 오늘날의 상황에 딱 들어맞는다. 무릇 저렇기 때문에 대대로 벼슬하던 집안이나 문장으로 이름을 날리던 가문의 자제가 주린 배로 홍패紅牌를 어루만지며 한숨 쉬고 한탄한다. 이런 자들을 이루 다 셀 수 없으니, 어떻게 붕당이 생기지 않을 수 있겠는가.

무릇 이익은 하나인데 사람이 둘이면 두 개의 당이 만들어지고, 이익은 하나인데 사람이 넷이면 네 개의 당이 생겨난다. 이익은 바뀌지 않는데 사람은 더욱 늘어나니, 더욱 갈라지고 나뉘어 십붕十朋 팔당八黨이 되는 것은 너무도 당연하다. 설사 붕당을 모조리 내치고 오직 한 당만 남겨도, 저들이 쇠를 녹여 칼을 만들지 않는데도 반드시 어디선가 날카로운 칼 하나가 와서 셋으로 나누고 다섯으로 가를 것이다. 어째서 그러한가?

바야흐로 어떤 당이 정권을 장악하면 과거를 크게 열어 사정私情에 따라 난잡하게 뽑는데 이것을 '당을 부식扶植한다'고 한다. 현명한지 우매한지 따지지 않고 다투어 청요직淸要職에 집어넣는데 이것을 '세력을 펼친다'고 한다. 의정議政

자리는 셋인데 대광大匡의 품계를 가진 사람은 여섯이며, 판서判書 자리는 여섯인데 자헌資憲의 품계에 있는 사람은 열이다. 심지어 초헌軺軒을 타고 비단옷을 입는 자리나 엄격하게 선발하는 대각臺閣의 자리는, 모두 자리에 비하여 사람의 숫자가 배가 되지 않는 경우가 없다. 그러니 반대 당의 공격이 겨우 진정되면 안에서는 내분의 싹이 트는 것이다. 또 하물며 이런 붕당이 있고부터는 수없이 엎치락뒤치락하여 아무리 총명한 사람도 모두 기억할 수 없을 지경이다. 치우치지 않은 입장으로 공정하고 바르게 하는 자를 용렬하다고 말하고, 붕당을 따라 죽어도 흔들림이 없는 자를 명절名節이라 한다. 자기 당파면 무릎 위에 올려놓고 예뻐하며 다른 당파면 연못 속에 밀어넣듯 미워하여 영욕榮辱이 한순간에 바뀌니 사람이 어떻게 붕당을 지어 싸우지 않겠는가.

그렇다면 어떻게 해야 되겠는가? 선비들의 과거를 줄여서 난잡하게 나오는 것을 막고, 관리들의 고과考課를 엄격히 하여 무능한 자를 도태시킨다. 그런 뒤에 관직을 아껴서 많이 주지 말고, 승진을 신중히 하여 가볍게 올리지 말며, 자리와 인재가 알맞게 되도록 힘써서 자리를 자주 옮기지 않는다. 그리고 이익이 나오는 구멍을 막아서 백성들의 마음을 안정시킨다. 이와 같을 뿐이니 이렇게 하지 않으면 비록 죽인다고 하더라도 막지 못할 것이다.

붕당이 발생하고 정쟁政爭이 지속되는 원인에 대해 논한 글이다. 성호는 밥은 한 그릇인데 열 사람이 먹으려고 하면 싸움이 나는 것처럼 붕당이 생기는 원인을 벼슬자리는 적은데 벼슬을 하고자 하는 사람은 많고 승진의 원칙이 없기 때문이라고 보았다.

벼슬을 하고자 하는 사람이 많아진 이유로 과거제를 지목하고 있다. 나라에서 필요한 수만큼 관원을 선발하는 것이 아니라 관원이 되고 싶은 사람들이 자발적으로 관원 후보군에 진출하는 제도인 과거제가 백성들에게 관직에 진출하고자 하는 욕망을 열어 놓았다고 진단하였다. 또한 벼슬자리는 한정되어 있는데, 과거를 빈번히 시행하고 합격자를 많이 뽑기 때문에 경쟁은 더욱 심해지고, 관직을 자주 교체하는 방식으로 이를 해결하려 했기 때문에 파벌이 형성되었다고 하였다.

이렇게 형성된 파벌끼리의 정치적 대결은 일반적인 정쟁을 넘어 붕당으로 전개되었다. 정권을 장악한 당은 과거를 통한 선발과 청요직 임명 등을 통하여 자기 당파의 세를 불리는 한편 당파 내부의 이해관계에 따라 분열을 거듭하게 된다. 이 과정에서 당파에 대한 무조건적 의리에 명절이라는 가치를 부여하여 개인의 영욕이 당파에 좌우되게 되는데, 성호는 이것을 조선의 당쟁이 상대 당파를 죽이는 일이 반복될 만큼 치열하게 지속되는 원인으로 파악하였다.

성호는 과거제의 대안으로 천거제를 시행해야 한다고 주장하였는데, 이 글에서는 과거를 통한 선발을 줄이고 관리로 임용된 후에도 고과를 통하여 능력 없는 관원을 도태시키는 방안만을 제시하였다.

제6장

아,
우리 선생님

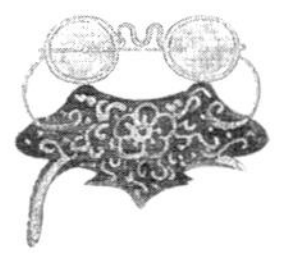

한 사람의 학문은 저술을 통해 후대에 전해지고 다른 사람들의 기억 속에 남아 있는 삶의 모습들은 또 다른 사람들에게 전해져, 그 사람은 더 이상 이 세상에 없지만 한편으로는 영원히 기억 속에 남아 있는 존재가 된다.

성호는 83세까지 살았으므로, 그가 세상을 떠난 후 그를 기억하는 사람들은 대부분 그의 가르침을 받은 제자와 자손들이었다. 30대 초반에 제자를 가르치기 시작하여 50년 동안 스승의 자리를 지킨 성호를 후학들은 어떻게 기억하고 있는지 살펴볼 수 있는 글들을 골랐다.

성호가 사망한 후 남은 사람들은 다양한 방식으로 그를 기억하고 추모하였다. 제자 안정복은 성호를 만나 주고받은 이야기를 기록으로 남겼는데, 스승으로서의 모습뿐만 아니라 일상의 면모도 엿볼 수 있는 글이다. 후배 채제공이 이삼환의 부탁을 받고 지은 묘갈명은 성호의 학문과 삶을 지나친 수식 없이 그려 냈다. 어린 시절의 대부분을 성호의 집에 머물면서 아들이나 손자 못지않은 사랑과 가르침을 받은 조카 이용휴와 종손 이삼환의 글에는 선생을 잊지 않으려는 마음이 곳곳에 배어 있다. 정약용은 성호의 학문을 계승하여 실학을 집대성하였다고 평가받는데, 직접 가르침을 받지 못한 후학들이 성호를 얼마나 존경했는지 살필 수 있다.

함장록
函丈錄

내가 어려서 낙향한 이후로 중간에 병이 드는 바람에 학문할 기회를 놓쳤는데, 성호 선생을 찾아뵙고 경의를 표하고 싶은 마음이 많았다. 나이 스물여섯에 비로소 무주에서 광주 경안면 덕곡의 선산 아래에 와서 살게 되었으나, 가난과 질병으로 언제나 편안한 날이 없었다. 그러다가 병인년 1746 영조 22 10월 17일에 처음으로 찾아가서 뵙고 하룻밤을 잔 다음 돌아왔고, 정묘년 1747 9월 20일에 또 찾아가서 뵙고 하룻밤을 잔 다음에 인사를 드리고 돌아왔으며, 무진년 1748 12월 14일에 또 찾아가서 뵙고 이틀을 묵은 뒤 16일에 작별 인사를 드리고 돌아왔으니, 그간 선생에게 가르침을 받은 것이 모두 4일이다.

그 뒤 신미년 1751 7월에 찾아가 병문안을 드렸으나, 마침 종묘 대제 大祭 의 제관으로 차출되었기 때문에 이튿날 바로 돌아오고 말았다. 중략 갑술년 1754 에 부친상을 당해 시골에 내려와서는 그만 병으로 인하여 10년 동안 두문불출하였다. 그리하여 끝내 조석으로 가르침을 받으려던 계획을 이루지 못한 가운데 선생께서 세상을 떠나시고 말았다.

평소에 받은 깊은 사랑을 생각하면 은혜와 의리가 모두 크고, 대들보가 꺾인 듯한 감회는 세월이 갈수록 더욱 절실하기만 하다. 그래서 옛 상자를 뒤적여 4일간의 일록을 찾아서 여기에 따로 기록함으로써 작은 정성을 부치는 바이다.

병인년 10월 16일에 집에서 떠나 17일 오후에 점섬占剡에 이르렀다. 작은 산기슭을 하나 넘자 그 산기슭이 끝나는 곳에 초가가 한 채 있었는데, 마당에 있던 하인 하나가 찾아온 손님을 보고 다가와서 절하였다. 내가 물어보아 선생의 댁이라는 것을 알고 드디어 말에서 내려 알리게 하니 즉시 들라고 하셨다. 사랑채는 세 칸으로, 앞의 한 칸은 토청土廳이고 뒤의 두 칸은 방으로 만들었으나 규모가 매우 소박하고 누추하였다. 선생의 셋째 형님 옥동공玉洞公이 육영재六楹齋라고 명명한 곳이다.

마침내 방에 들어가서 선생께 절을 올리니 일어나서 매우 공손하게 답례하셨다. 눈을 들어 바라보니, 보통 사람보다 큰 키에 수염이 아름다웠고 눈빛은 꿰뚫어 보는 듯하였다. 머리에 탕건을 썼는데 검은 명주로 된 끈 두 가닥이 뒤로 2, 3자 남짓 늘어져 있었다. 탕건 위에는 포건布巾을 겹쳐 썼으니, 지난 5월에 부인의 상을 당했기 때문이다.

선생이 전에 만난 적이 있느냐고 묻기에 내가 없다고 대답하고 드디어 성명을 고하였다. 선생이 듣고 한참 있다가 우리 집의 일에 대해서 말씀하기를 "어릴 때 일찍이 안 전부安典簿 어른을 뵌 적이 있는데, 그대에게는 어떻게 되는가?" 하므로, 내가 증조부께서 그 벼슬을 지내셨다고 대답하였다. 중략

이때 방 안에는 15, 6세 가량 되어 보이는 단정한 얼굴의 사랑스러운 동자 하나가 『소학』을 펴 놓고 읽고 있었는데, 선생의 손자인 듯하여 물어보니 과연 그러하였다. 아명은 여달如達이고 신해생辛亥生으로 만경萬頃의 아들이다. 만경은 이름이 맹휴孟休이고 자는 순수醇叟이며 계사생癸巳生인데, 이때에 만경 현령을 지내다가 모친상을 당해 복중服中에 있었기 때문에 자리에 없었다.

선생이 어떤 연유로 왔는지를 물었으므로 내가 허리를 굽히고 대답하기를 "나이가 거의 40이 되었으나 아직도 학문의 방법을 모르고 있습니다. 선생께서 도道를 강론하시는 곳이 멀지 않다는 것을 들었으면서도 선善을 지향하는 정성이 부족하여 10년 동안 우러러 사모하다가 이제서야 찾아와 뵙습니다." 하였는데, 선생께서는 특별한 말씀이 없으셨다. 하지만 아무 거리낌 없이 편히 말씀하면서도 법도에 맞게 행동하시는 모습을 보고는 인품이 높은 어른임을 한눈에 알 수 있었다. 중략

조금 있다가 저녁상이 들어오는데 여종이 내 앞에 먼저 밥상을 올렸다. 내가 약간 몸을 굽히고 물러나서 감히 먼저 받을 수 없다는 뜻을 표하니, 다시 선생 앞에 상을 올렸다. 선생이 수저를 들고는 식사를 권하므로 나도 수저를 들었다. 선생은 제반祭飯하였고 나는 제반하지 않았다. 선생이 먼저 드시기 시작한 후에 나도 식사를 시작했다. 밥은 그릇에 차지 않았으며, 반찬은 새우젓이 흰 사기접시에 조금 담겨 있고 나박김치 한 접시와 박국이 있었는데, 모두 짰다. 이것을 통해 절약하는 뜻을 알 수 있었다. 또 상과 그릇들이 모두 깨끗하였다. 물도 나에게 먼저 올리고 상을 물리는 것도 역시 그러했으니, 모두 손님과 주인의 예로 한 것이다.

선생이 웃으며 말하였다.

"우리 집이 가난해서 반찬이 초라하기 때문에 손님의 입맛에 맞지 않다 보니 더러는 자기가 가지고 온 반찬을 먹는 사람도 있다네. 일전에는 정모鄭某라는 사람이 와서 식사를 할 때 자기가 가지고 온 반찬을 들여와서 먹었다 하는데, 불편하게 여기는 점이 이 정도였네. 그러나 선비라면 응당 가난하게 사는 것을 법도로 삼아야 할 것이네. '나물만 먹고 살 수 있다면 무슨 일이든 할 수 있다.'는 말은 그 뜻이 매우 좋다네. 일상생활에서 먹는 일보다 더 긴요한 것이 없으니, 가장 긴요한 일에서 먼저 자신의 사욕을 이기는 공부를 해 나가서 오랫동안 익

숙해진다면 마치 타고난 것처럼 편안해질 것이라네." 후략

안정복이 성호를 만난 일을 상세히 기록한 「함장록」의 한 부분이다. 함장函丈은 스승과 제자의 자리 사이에 한 길 정도 간격을 둔다는 의미로, 스승을 뜻하는 말이다. 안정복은 성호의 중요한 제자로 손꼽히지만, 실제 성호를 만나 가르침을 받은 것은 네 차례에 불과하였다. 날짜와 여정까지 정확히 기록한 덕분에 우리는 35세의 안정복이 66세의 성호를 만나 가르침을 받고 평생의 스승으로 모시는 장면을 환히 그려 볼 수 있다.

안정복은 남한조南漢朝에게 보낸 편지에서 자신의 학문 과정을 토로하였는데, 성호가 안정복에게 어떤 존재였는지 가늠하게 한다.

"저는 타고난 기질이 약하여 일찍부터 이상한 병에 걸려 60년 동안 저승을 넘나들며 살아왔는데 무슨 말할 만한 학문이 있겠습니까. 다만 하늘에서 부여한 성품은 성인이나 일반인이 똑같기 때문에 우뚝 서 보려고는 하였으나 젊어서 스승과 벗의 도움이 없어 망녕되이 많은 기로에서 헤매다가 25세에 비로소 『성리대전性理大全』을 얻어 겨울 석 달 동안 읽고 나서야 우리 유도儒道의 길을 알았습니다. 그러나 질병이 몸을 감싸고 있어 항상 책만 어루만지며 탄식할 뿐 실질적인 공부는 한 적이 없으므로 늘 한스러워하였습니다. 그러다가 35세에 비로소 성호를 찾아뵈었는데 상당히 인정을 받았고 그로 인해 자신감도

가졌습니다. 그런데 곧바로 세상에 나가 6년 동안 헤매다가 난치병에 걸려 피를 토하면서 영원히 폐인이 되어 지금에 이르렀습니다. 그러므로 제가 학문을 좋아한다고 말할 수는 있지만 학문을 안다고 말할 수는 없습니다."

묘갈명
墓碣銘

선생의 휘는 익瀷, 자는 자신子新, 성은 이씨이다. 광주 첨성리에서 은거하며 수도하였으니, 성호星湖라고 자호自號한 것은 이 때문이다.

선생은 태어난 지 이태 만에 부친을 여의었다. 모친께서 체질이 허약하여 병치레가 잦은 것을 근심하여 일찍 스승에게 나아가 배우도록 하지 않았다. 조금 자라서는 둘째 형 섬계공剡溪公 이잠에게 배웠는데 전심하여 학업에 힘썼고 따를 자가 없을 만큼 영특하여 여러 책을 두루 열람하였다. 둘째 형이 세상의 앙화를 입게 되자 세상에 대한 미련이 없어 과거 공부를 포기하고 셋째 형 옥동공玉洞公 이서, 사촌형 소은공素隱公 이진李瀳 두 분에게 배웠다. 개연히 도를 구하는 뜻이 있어 방에 바르게 앉아서 경전 및 송나라 정자와 주자, 우리나라 퇴계의 글을 펴 놓고 되풀이하여 읽고 사색하니 마치 엉킨 실타래가 예리한 칼날에 한 올 한 올 풀리듯 은미한 뜻이 해석되었다.

선생의 도에 들어가는 문로門路는 경敬을 위주로 하였으니,

일찍이 말씀하기를 "발發하기 전에는 정靜할 때의 경敬이 있고, 이미 발한 뒤에는 동動할 때의 경이 있다. 그러나 동할 때의 경 또한 다만 정할 때의 공부에서 근본하니, 만약 정할 때 경을 주장하지 못하면 동할 때에 어떻게 경을 지켜 바르게 될 수 있겠는가." 하고, 「경재잠도敬齋箴圖」와 「경재잠설敬齋箴說」을 지었는데, 「경재잠」의 "동하고 정함에 어긋남이 없고 안과 밖이 서로 바르게 되도록 해야 한다."라는 구절을 법도로 삼았다.

선생이 학문을 진보시킨 방법으로 말하면, 행行은 반드시 지知를 우선으로 하므로 치지致知를 역행力行의 근본으로 삼았고, 아는 것은 장차 행하기 위해서이므로 역행을 치지의 실제로 삼았다. 후대의 학자들이 혹 장구章句의 지엽적인 뜻에만 오로지 마음을 쏟고 실제적인 공부에는 착수하려 하지 않는 이가 많은 것을 근심하여 항상 말씀하기를 "그 말을 배웠어도 반드시 마음으로 깨닫는 것은 아니며 마음으로는 비록 깨달았어도 반드시 몸으로 행하는 것은 아니다. 모름지기 자신에게 체득해야 하니, 그런 뒤에라야 마음으로 깨닫고 몸으로 행할 수 있다." 하였으니, 정할 때에 보존하고 동할 때에 살피며, 참으로 알고 힘써 행하여 공부가 한쪽으로 치우침이 없는 것이 이와 같았다. 조정에서 그 이름을 듣고 선공감 가감역관에 제수하였으나 나아가지 않았다. 매우 연로해진 뒤에는 첨지중추부사에 제수하였으니, 노인을 우대하는 은전恩典이었다. 아, 선생의 수壽는 맹자의 부동심不動心한 나이보다 두 배를 누리고도 몇 해를 더 사셨다.

선생은 무릇 성품에 본디 지니고 있는 것은 한 가지라도 궁구하지 않은 이치가 없고, 직분에 마땅히 그러해야 하는 것은 한 가지라도 갖추지 않은 일이 없었다. 행行은 신명神明에 통할 만하였는데 그 근원은 계구戒懼와 신독愼獨에서 나왔고 도는 천인天人을 관통할 만하였는데 그 기틀은 한 치, 한 푼씩 쌓은 공력으로 다져진 것이다. 땅이 만물을 싣고 바다가 강물을 포용하듯 그 범위가 광대하고 누에고치에서 뽑은 실과 소의 가는 털처럼 그 분석이 치밀하였으니, 이를 세상에 펴게 하였더라면 임금은 요순堯舜 같은 임금이 되었을 것이고 백성은 요순의 백성이 되었을 것임은 의심할 나위가 없는데, 선생께서 세상을 만나지 못하여 참되고 올바른 포부를 한두 가지도 펴지 못하였다. 후생이 볼 수 있는 것은 오직 예법에 엄격한 집안에서의 행실뿐이고, 전할 수 있는 것은 다만 지면에 기록된 지론至論뿐이다.

그 행실로 말하면, 매양 돌아가신 부친의 얼굴과 풍모를 알지 못하는 것을 지극히 원통하게 여겨 말이 부친에 미치면 눈물을 주르륵 흘리지 않은 적이 없는데 늙어서까지도 그러하였다. 뒤에 부친이 돌아가신 지 60년이 되는 해에 상복을 입으려고 하다가 이윽고 말씀하기를 "퇴옹退翁께서도 나처럼 어려서 부친을 여의었지만 나중에 상복을 입지는 않으셨다. 퇴옹은 나의 스승이니 어찌 감히 넘어설 수 있겠는가." 하고 여생을 마치도록 재계하고 소식素食하며 지냈는데, 슬퍼하고 그리워하는 모습이 상중에 있는 것이나 진배없었다.

평소의 생활은 새벽에 일어나 사당에 배알하고 물러 나와서는 서실書室에 계셨으며, 의복은 반드시 매무새를 가다듬었다. 사우士友를 만나면 반드시 공손하게 절하였으니, 말씀하기를 "절은 예의 시작이니 무엇을 꺼려서 하지 않는가." 하였다. 이 때문에 문인과 제자 중에 선생님 댁에서 묵는 자들은 들어올 때도 반드시 절하고 뵈었고 나갈 때도 반드시 절하고 하직하였다. 중략

형제와 자식, 조카들에게 한결같은 정성으로 은혜와 사랑을 베풀고 교육하였다. 비록 촌수가 먼 자라도 굶주리면 구휼하고 병이 나면 약을 지어 주었으며 상사가 나면 부조하였고 때를 놓쳐 시집이나 장가를 가지 못한 자에게는 혼수를 마련해 주어 인륜이 폐기되지 않도록 하였다. 중략

삼경과 사서 및 『소학』, 『근사록』, 『심경』에 대해 글자마다 그 훈고를 탐구하고 구절마다 그 뜻을 탐색해서 모두 질서疾書를 지었으니, 장횡거張橫渠 장재의 "터득한 바가 있으면 얼른 기록하였다.妙契疾書"라는 뜻을 취한 것이다. 그 순서는

『맹자』부터 시작하였는데, 말씀하기를 "시간적으로는 후대가 되고, 내용상으로는 의미가 상세하다. 후대이면 가깝고 상세하면 드러난다. 그러므로 성인의 뜻을 구하고자 한다면 반드시 『맹자』부터 시작해야 한다." 하였다.

예禮는 삼례三禮를 근본으로 하고 두우杜佑의 『통전通典』 및 역대 학자들의 설을 두루 통섭하되 『가례』에서 절충하였다. 그래서 또 저술한 『가례질서家禮疾書』가 있다. 『관의冠儀』, 『가취의嫁娶儀』, 『상위록』, 『묘묘향사의廟墓享祀儀』 여러 편을 정리하여 집안의 법으로 삼았다.

퇴계를 존모한 것이 주자를 존모한 것과 다름이 없었으니, 유집遺集 및 문인의 기록에 보이는 퇴계의 언행을 『근사록』의 체례대로 편집하여 '도동록道東錄'이라 이름 짓고, 또 예를 논한 퇴계의 글들을 분류하고 편집하여 '이선생예설李先生禮說'이라 이름 지었다.

퇴계 이후에 사칠이기四七理氣에 대한 설이, 주자가 해석한 "도심道心은 의리義理에서 발하고, 인심人心은 형기形氣에서 발한다."라는 말과 『주자어류朱子語類』에 실린 "사단은 이理가 발한 것이요, 칠정은 기氣가 발한 것이다."라는 말과 서로 어긋나는 점이 있는 것을 근심하여 『사칠신편』을 지어 주자의 뜻을 발명하고 퇴계의 설을 뒷받침하였다.

비록 초야에 묻혀 있었지만 이 세상을 자신의 근심으로 삼지 않은 적이 없어 『곽우록』, 『사설』 등의 책을 지었다. 일찍이 개연히 탄식하며 말씀하기를 "백세토록 훌륭한 정치가 없었던 것은 세 가지 재앙에서 연유한다. 임금을 높이고 신하를 누르는 폐단은 진 시황秦始皇으로부터 시작되었는데 한漢나라가 바로잡지 못하였고, 인재를 등용하면서 문벌을 숭상하는 폐해는 조조曹操로부터 시작되었는데 진晉나라가 바로잡지 못하였고, 문사文辭로 과시科試하는 폐단은 수 양제隋煬帝로부터 시작되었는데 당나라가 바로잡지 못하였으니, 세 가지 재앙을 없애지 않는다면 다스림을 논할 수 없다. 세 가지 중에 과거科擧의 폐해가 가장 크니, 차선의 것을 말한다면 당나라 양관楊綰이 논한 효렴과孝廉科가 근접하고, 우리나라의 정암靜菴 조광조趙光祖 선생의 현량과賢良科가 또 그다음이다. 정암이 이미 문묘文廟에 배향되었는데 현량과를 시행하는 이가 한 사람도 없는 것은 어째서인가?" 하였다.

우리나라의 사서史書가 소략하고 잘못된 부분이 있는 것을 근심해서 문인 안정복에게 부탁하여 의리義理와 체례體例를 정해 주고 마침내 믿을 만한 사서 한 질을 완성하게 하였다.

저술한 시문과 편찬한 여러 책까지 아우르면 도합 수백여 권이다. 요약하면 학문은 문식文飾을 제거하고 실제에 힘썼으며, 예를 논한 것은 사치를 버리고 절검을 따랐으며, 경세제민을 논한 것은 위에서 덜어 아래에 보태는 것이다. 모두 본원을 탐구하고 요점을 제시하였으므로 각기 조리가 있어 들어서 시행할 만한 것들이니, 아, 성대하다. 중략

내가 일찍이 경기 관찰사가 되어 군현을 순행할 때 길을 우회하여 첨성리 집으로 선생을 찾아뵈었는데, 선생은 당시 81세였다. 선생은 처마가 낮고 다 쓰러져 가는 집에 단정히 앉아 계셨는데 눈빛이 형형하여 쏘는 듯하였고, 성긴 수염은 아래로 띠까지 드리워 있었다. 절을 하기도 전에 벌써 공경하는 마음이 숙연히 일었는데 가까이 다가가서 뵈니 화락하고 너그러우셨으며 경전經傳을 담론하실 때는 고금을 넘나들며 말씀하시어 전에 듣지 못한 말씀을 들을 수 있었다. 다만 한스럽게도 세상사에 쫓기다 보니 가시는 적막한 길에 정성스레 향香도 한번 올리지 못하였다. 그런데 3년이 지난 지금 선생의 종손인 처사處士 이삼환이 소매에 가장家狀을 넣어 가지고 와서 나에게 묘갈명을 부탁하였다. 나는 그저 늙은이일 뿐이니 어찌 도가 있는 기상을 잘 형용할 수 있겠는가. 다만 생각건대 오도吾道는 원래 통서統緖가 있으니, 퇴계는 우리 동국의 스승이다. 그 도를 한강 정구에게 전했고 한강은 그 도를 미수 허목에게 전했고, 선생은 미수를 사숙私淑한 분이다. 미수를 배워 퇴계의 도통을 접맥하였으니, 후대의 학자는 사문斯文이 대대로 도통을 계승하여 속일 수 없는 점이 있다는

것을 안 연후에 지향점을 잃어버리지 않을 수 있을 것이다. 이런 내용으로 선생의 명을 지어도 되겠느냐고 하자, 처사가 말하기를 "그 말이 요체를 얻어 번다하지 않으니, 선생을 잘 아십니다." 하였다. 마침내 옷깃을 여미고 명을 지으니, 명은 다음과 같다.

도를 품고도 혜택을 베풀지 못한 것은 抱道而莫能致澤
일세의 불행이지만 一世之不幸
글을 지어 또한 은택을 베풀 수 있으니 著書而亦足嘉惠
백세의 다행이로다 百世之幸
하늘의 뜻이 여기에 있지 않겠는가 天之意無乃在是歟
일세는 짧고 백세는 긴 법이다 一世短而百世永
선생의 명을 지어 오당을 권면하노니 銘先生而勉吾黨
어찌하여 함께 선생의 글을 읽지 않는가 盍與讀先生書
도통의 전수가 나에게 말미암지 남에게 말미암겠는가 傳統由己而由人乎

채제공蔡濟恭이 성호의 종손이자 제자인 이삼환의 부탁을 받고 지은 묘갈명으로, 『번암집』에는 「성호이선생묘갈명星湖李先生墓碣銘」으로 실려 있다.

채제공은 성호에게 직접 가르침을 받지는 않았으나, 성호와 채제공의 부친 채응일蔡膺一 사이에 교류가 있었으며, 성호의 아들 이맹휴의 장인 채팽윤은 채제공의 종조부이다. 또한 채제공은 성호의 제자인 윤동규, 안정복과도 교류하였다.

채제공은 성호의 삶과 학문, 저술을 간략하게 정리한 이 글 한 편을 통하여 성호의 중요한 면모를 모두 알 수 있게 서술하였는데, 묘갈명을 부탁한 이삼환의 평가처럼 장황한 표현과 미사여구의 수식 없이 요점만 전달했다 할 만하다. 성호의 삶을 응축한 10행의 길지 않은 묘갈명에 누가 이의를 제기하겠는가.

화상찬
畫像贊

멀리로는 신안과	遠同於新安
그 도가 같았고	其道同也
가까이는 도산과	近同於陶山
그 도는 물론이요	其道同
태어난 해의 간지까지도	與其生年
모두 같으셨도다	而俱同也
아, 선생의 마음은	噫先生之心
선생의 저술에 드러나 있거니와	見於先生所著之書
이는 초상화이니	此則遺像也
마치 태극도를 보고	猶之觀太極圖
상에 드러난 이치를 아는 것과 같도다	知理顯於象也

조카 이용휴가 성호의 초상화에 붙인 글이다. 성호의 초상화는 돌아가신 지 18년 뒤인 1780년 정조 4 봄에 완성되었는데, 당시 성호를 뵈었던 사람이 모습을 상상해서 그린 것이라고 한다.

이용휴는 성호의 학문을 신안新安의 주자, 도산陶山의 이황과 같다고 평가하면서, 성호의 저술을 통해 그의 마음을 알 수 있을 것이라고 하였다. 성호는 이황을 매우 존경하고 그의 학문을 깊이 탐구하였으며, 이황이 태어난 해인 신유년1501 연산군 7과 같은 신유년1681 숙종 7에 자신이 태어난 것을 매우 소중한 인연으로 생각하였다.

초상화는 터럭 하나까지도 방불하게 묘사하여 실물과 똑같이 그려 내야 하겠지만, 옛사람들은 그 사람의 마음까지 드러내어야 가장 잘 그렸다고 생각하였다. 성호는 그림 가운데 초상화를 가장 높이 평가하였는데, 그 이유를 정신과 모습을 묘사하여 사모하는 마음을 담을 수 있기 때문이라고 하였다. 이용휴를 위시한 성호의 자손과 제자들도 성호의 초상화를 바라보면서 성호를 존경하고 그리워하는 마음을 일으켰을 것이다.

성호선생언행록
星湖先生言行錄

내가 어렸을 때 선생의 손자 구환九煥과 함께 공부하면서 자못 외우는 것만을 일삼고 정밀하고 깊이 연구할 줄 몰랐다. 선생은 그때마다 경계하여 "너희들이 조금 기억하는 재주가 있으니 많은 책을 섭렵할 수는 있겠지만, 늙은 뒤에는 아득히 잊어버려 도무지 기억이 나지 않을 것이다. 그래서 독서하는 요령은 깊이 연구하여 스스로 터득하는 데 달려 있다. 나도 젊었을 때 기억하고 외운 것이 많았지만 지금은 모두 잊었다. 책에서 스스로 터득한 것이 비로소 나의 소유가 되니, 너희들은 뒷날 반드시 내가 한 말을 생각하고 뉘우쳐도 미칠 수 없을 것이다." 하셨다.

선생이 언젠가 자제들에게 이렇게 말씀하셨다.

"내가 여러 해 동안 성인의 글을 읽어 성인의 마음을 웬만큼 알고 있다. 이것으로 너희들 마음을 계발해 줄 방법이 없어서 마음속에 얼마간 쌓은 것을 전해 주지 못하는 것이 유감이다."

문하의 제자들이 경전을 강론할 적에 만일 한마디 말이라도 핵심을 찔러 정밀한 뜻을 밝혀낸 것이 있거나, 전대의 역사를 논하여 그 성패와 득실의 원인, 명물名物 제도의 자세함을 혼자 깨달아 아는 경우가 있으면 선생은 반드시 기쁜 안색을 나타냈다. 그러고는 "그럴 것이다. 생각해 보니 참으로 그렇다." 하시면서 장려하기를 마지않았고, 두루 빈객들에게 칭찬하였다. 후생이나 후학의 하찮은 선이라도 반드시 취하고 작은 장점이라도 버리지 않았다. 그 때문에 학문은 더욱 넓어지고 견해는 더욱 밝아졌다. 이는 태산泰山이 흙덩이 하나도 사양하지 않고 하해河海가 작은 물줄기도 가리지 않고 다 받아들였기 때문에 그처럼 높아지고 커진 것이다.

어떤 학생이 선생을 뵈려고 오다가 길에서 비를 만나 옷이 다 젖었다. 선생이 문을 열고 앉아 계신 모습을 보고는 감히 빨리 달리지 못하고 용모를 단정히 하고 천천히 걸었다. 선생이 그를 불러서 "비에 옷이 젖는데 어찌 빨리 오지 않느냐?"라고 하였다.

문에 들어와 절하고 뵙자 선생이 말씀하셨다.

"발걸음은 장중하지 않으면 안 되지만, 비가 주룩주룩 쏟아지는데 어찌 옛사람의 가르침만 변통 없이 지켜서 몸이 젖는 것도 아랑곳하지 않는가. 말세의 학자들이 대부분 실질은 실천하려 하지 않고 오로지 겉모습 꾸미기만을 힘써서 가끔 이와 같이 다른 사람들에게 특이하게 보이려고 하는 일이 있다. 이는 아름다운 일이 아니니 반드시 통절히 경계해야 한다."

이삼환은 성호의 넷째 형 이침의 아들로 맏형 이해에게 양자로 간 이광휴李廣休의 셋째 아들인데, 역시 이침의 아들로 성호의 둘째 형 이잠의 양자가 된 이병휴의 후사가 되었다. 이삼환은 아버지 이병휴의 경학을 계승하였다고 평가받는데, 오랫동안 성호의 집에 기거하며 성호의 손자 이구환과 함께 공부하며 사랑을 듬뿍 받았다.

성호가 이삼환을 얼마나 아꼈는지는 재종간인 자신의 손자 이구환과 친형제를 맺도록 한 일과 집 근처에 있는 작은 별장을 30세가 넘도록 집을 마련하지 못한 이삼환에게 준 일에서 잘 드러난다.

이삼환은 성호가 사망한 후에는 예산 고덕으로 돌아와 학문 연구와 제자 양성에 전념하였다. 『성호선생언행록』은 이삼환이 성호를 곁에서 모시면서 보고들은 것을 109편으로 나누어 기록한 것이다. 위의 글은 스승으로서 성호의 모습과 함께 실천과 괴리된 학문을 배척하는 성호의 태도를 잘 보여 준다.

봉곡사에서
鳳谷寺述志詩序

우리 성호 선생께서 지은 책은 수백여 편이나 되는데, 후학들이 성의가 부족하여 미처 교감하여 정리하지 못하였다. 을묘년1795 정조 19에 내가 금정金井으로 좌천되어 가서, 비로소 목재木齋 선생과 편지로 이 일을 의논하였는데, 마침 나를 방문한 한두 벗이 그 책 편집에 관해 의논한 것을 듣고서는 모두 기꺼이 협조하였다. 그리하여 10월 25일에 온양溫陽의 봉곡사鳳谷寺에 모여 먼저 『가례질서』를 가져다가 범례凡例를 만든 다음, 목재가 손수 교정校訂하고 나와 여러 벗은 베끼는 일을 하여 며칠 만에 편집이 완성되었다.

삼가 생각건대 우리 성옹星翁께서 남기신 저술은 방대하기 이를 데 없으니, 이것은 다만 큰 솥에 든 고기 한 점에나 해당할 뿐이다. 그러나 천하의 심오한 이치와 큰 법은 반드시 예서禮書에 쓰여 있고, 예가禮家의 크고 세밀한 논설은 실로 주자朱子가 기준을 제시하였다. 그렇다면 우리 벗들이 이 일을 계기로 성옹의 글을 통하여 주자의 집 안으로 들어갈 수 있으니, 어찌 많은 책을 다 볼 것이 있겠는가.

크게 두려운 점은 우리들이 모두 글이나 외고 시문이나 짓는 것을 업으로 삼고 있는 것이다. 이번에 모였다가 흩어져 각자 집으로 돌아가면 막연히 서로 잊어버리는 지경에 이를 것이다. 게다가 경박하고 무례한 사람과 비속하고 의심 많은 무리가 혹 조그마한 기예를 가지고 빠른 효과라고 꾀거나, 선가禪家와 도가道家의 교리를 가지고 참된 길이라고 가리켜서, 여기에 동요되어 스스로 게을러지거나 여기에 현혹되어 빠져들게 된다면, 식견과 취향이 거칠어질 뿐만 아니라 도리어 진취하는 데 방해가 된다. 그래서 반드시 본원本源이 혼탁하여 점차 밝음을 잃어서 끝내는 유용한 학문을 하지 못하여 요순의 경지에 들어가기 어렵게 될 것이니, 어찌 주자의 무리가 될 수 있겠으며, 또한 성옹의 후학이 될 수 있겠는가.

책을 베끼는 여가에 이와 같이 서로 경계하고, 마침내 그 뜻을 말하고 그 일을 읊어서 각기 아래와 같이 시를 짓는다.

찬란하게 빛나는 성호 선생이시여	郁郁星湖子
성명이 드러나서 아름답구나	誠明著炳文
한없이 넓은 범위 어안이 벙벙	瀰漫愁曠際
빈틈없이 치밀함 또한 보이네	芒忽見纖分
하찮은 나 뒤늦게 태어나서	眇末吾生晚
큰 도를 얻어 듣긴 아련한 처지	微茫大道聞

다행히 끼친 은택 입었지만은	幸能沾膏澤
애석할사 별 구름 보지 못했네	惜未覩星雲
진기한 글 향기를 물씬 풍기고	寶藏饒遺馥
사랑과 은혜로 사람을 구제했네	仁恩實救焚
한 분의 노선생에 그 규범 남아	典刑餘一老
연세 도덕 대중을 굽어보는데	齒德逈千群
도 없어져 노년의 한탄이라면	道喪窮年歎
벗 찾아와 늘그막 기쁨이로세	朋來暮境欣
성옹 글 교정으로 그리움 풀어	校書酬耿結
책 지고 온 고생이 즐겁고말고	負笈喜辛勤
소경이 길을 가듯 더듬거리면	猶有安冥擿
부질없이 노경에 접어들 따름	徒然到白紛
우리 함께 힘쓰자 어진 친구들	勖哉良友輩
이곳에서 조석을 보냄 어떠리	於此送朝曛

1795년 11월 온양 봉곡사에서 목재 이삼환과 제자들이 모여 성호의 『가례질서』를 교정하고 편집하면서 참여한 사람들이 함께 시를 짓고 정약용이 서문序文을 붙였는데, 정약용이 지은 서문과 시이다.

정약용은 봉곡사 모임에 대해 서문과 시 외에도 「서암강학기西巖講學記」에 자세한 경위를 기록해 놓았다. 지금의 청양 부근의 금정도 찰

방金井道察訪으로 있던 정약용과 예산 고덕에 살던 이삼환이 온양 봉곡사에서 만나 성호의 저술을 교정한다고 하자 이삼환의 제자들이 소식을 듣고 봉곡사에 모였다. 낮에는 함께 『가례질서』를 정서淨書하고 이삼환이 교정하였으며, 밤에는 학문을 강론하였다. 이때 참석한 이들은 이삼환과 동생 이명환李鳴煥, 이하진의 현손 이재위李載威, 강이인姜履寅, 심로沈潞, 정약용, 오국진吳國鎭, 강이중姜履中, 강이오姜履五 등 13명이었다. 이들은 10일 동안 교정하고 강론하였으며, 다른 성호의 저술은 내년에 정리하기로 기약하였다.

정약용은 성호에게 직접 가르침을 받지는 않았지만, 이가환 등을 통해 성호의 학문을 접한 기억을 「스스로 지은 묘지명自撰墓誌銘」에 "15세에 장가를 들었는데……서울에 머물고 있었다. 이때 이가환 공이 문학으로 한세상에 명성을 떨쳤고, 자부姊夫 이승훈李承薰이 또 몸을 단속하고 뜻을 가다듬어 모두 성호 이 선생의 학문을 계승하였다. 내가 성호의 유저遺著를 보고는 흔연히 학문하기로 마음먹었다." 라고 한 것처럼 성호의 저술과 학문은 정약용이라는 계승자를 만나 정리되고 집대성되었다.

또 이 글에서는 성호가 돌아가신 후 예산 고덕으로 내려가 제자를 가르친 이삼환으로 인하여 성호의 학문이 호서 지방에 전파되는 모습까지 함께 엿볼 수 있다.

『성호전집』 발문
星湖全集跋

선생께서 돌아가신 지 벌써 10년인데 유집遺集을 아직까지 탈고하지 못하였으므로 내가 두려운 마음이 들어 서둘러 원고를 가져다가 문체별로 나누어 선사繕寫하고 쉬지 않고 수교讎校하여, 임진년1772 영조 48 여름부터 시작하여 갑오년1774 가을에 끝마쳤다. 부賦 5편, 시詩 1178수, 해동악부海東樂府 120편, 서書 484편, 잡저雜著 154편, 서序 104편, 자설字說 10편, 훈사訓辭 4편, 기記 35편, 제발題跋 178편, 논論 14편, 명銘·잠箴·찬贊·송頌 도합 36편, 축문祝文 4편, 제문祭文 36편, 비명碑銘 6편, 묘갈명墓碣銘 75편, 묘표墓表 7편, 묘지명墓誌銘 36편, 행장行狀 23편, 유사遺事 1편, 가전家傳 2편, 전傳 20편, 잡전雜傳 2편, 정문呈文 2편을 정리해서 70권으로 만들어 삼가 가숙家塾에 보관한다.

이 밖에 또 『역경易經』, 『시경』, 『서경』, 『논어』, 『맹자』, 『중용』, 『대학』, 『소학』, 『근사록』, 『심경』, 『가례』 등 여러 경서의 질서疾書가 20권 가까이 있고, 또 『사칠신편』, 『상위일록喪威日錄』, 『상위속록喪威續錄』, 『곽우록』, 『사설』, 『자복

편自卜篇』, 『관물편觀物篇』, 『백언해』 등 여러 저술이 있어 이것도 거의 25, 6책이 되는데, 모두 초고草稿 상태로 있다. 이것들은 베껴 써 정본淨本으로 만들어 문집 뒤에 붙여야 하고, 또 시문 가운데 유집에 실리지 않고 이리저리 흩어져 있다가 나중에 나온 것들도 수집해서 속집續集을 만들어야 하는데 지금은 모두 그럴 만한 겨를이 없으니, 이것은 후인이 이어서 완성하기를 기다린다.

갑오년 1774 영조 50 중추仲秋에 종자從子 병휴秉休는 삼가 적다.

| 연보 |

1680년 숙종 6

- 2월 25일 부친 이하진李夏鎭이 대사간에서 진주 목사晉州牧使로 좌천되었다.
- 10월 5일 부친 이하진이 평안도 운산雲山으로 유배되었다.

1681년 숙종 7, 1세

- 10월 18일 부친의 유배지인 평안도 운산에서 태어났다.

1682년 숙종 8, 2세

- 6월 14일 부친 이하진이 55세를 일기로 사망하였다.
- 가을에 부친을 고양군高陽郡 혜음령惠陰嶺 아래에 장사 지냈다.
- 모친과 함께 어린 시절의 대부분을 외가에서 지냈다.

1689년 숙종 15, 9세

- 대사간 심재沈梓의 요청으로 부친 이하진의 관작이 회복되었다.
- 10세 무렵 둘째 형 이잠李潛에게 수학하였다.

1696년 숙종 22, 16세

- 넷째 형 이침李沈이 숙부 이명진李明鎭의 양자가 되어 예산 고덕古德으로 갔다.

1697년 숙종 23, 17세

- 고령 신씨高靈申氏 신필청申必淸의 딸과 혼인하였다.

1700년 숙종 26, 20세

- 이 무렵에 금강산을 거쳐 함흥까지 여행한 것으로 추정된다.

1705년 숙종 31, 25세

- 증광시 增廣試 초시 初試에 책문 策問으로 합격하였으나 녹명 錄名이 격식에 맞지 않아서 회시 會試에 응시하지 못하였다.

1706년 숙종 32, 26세

- 둘째 형 이잠이 희빈 禧嬪 장씨 張氏 소생의 세자를 보호하라는 취지의 상소를 올렸다가 국문을 받는 도중에 사망하였다.
- 이후 과거 공부를 포기하고 셋째 형 이서 李溆, 사촌형 이진 李溍에게 수학하였다.

1707년 숙종 33, 27세

- 2월에 삼각산과 관악산을 유람하였다.

1709년 숙종 35, 29세

- 10월 순흥 소수서원을 방문하였다.
- 11월 1일 처남 신박 申璞과 청량산 淸涼山을 유람하였다.
- 11월 안동 도산서원을 배알하였다.

1710년 숙종 36, 30세

- 11월 12일 장인 신필청이 사망하였다.

1711년 숙종 37, 31세

- 17세의 윤동규 尹東奎가 찾아와 수학하였다.

1712년 숙종 38, 32세

- 가을에 북한산을 유람하였다.

1713년 숙종 39, 33세

- 11월 아들 이맹휴 李孟休가 태어났다.
- 넷째 형 이침이 사망하였다.

1714년 숙종 40, 34세

- 2월 23일~25일 금천金川 선영先塋에 참배하고 천마산天磨山 일대를 유람하고 화담서원花潭書院에 참배하였다.
- 장모인 신필청의 처가 사망하였다.

1715년 숙종 41, 35세

- 권대후權大後의 딸인 모친 안동 권씨가 사망하였다.

1717년 숙종 43, 37세

- 모친상을 마치고 비옥한 농토와 젊고 건강한 노복을 모두 종가에 넘겨 제사를 받들게 하고 집기도 모두 돌려주었다. 남은 농토와 종을 형님, 누님들과 나누어 가졌다.
- 셋째 형 이서와 원주를 방문하였다. 원주에서 박정朴淨을 만났다.
- 이해에 금강산을 유람하는 식산息山 이만부李萬敷와 안변安邊에서 만난 듯하다.

1718년 숙종 44, 38세

- 외암畏菴 이식李栻과 편지로 「당실명堂室銘」 등 심心에 대해 논하였다.
- 박호朴浩와 『맹자질서』의 내용에 대해 편지로 논하였다.

1721년 경종 1, 41세

- 정상기鄭尙驥의 가례 문목家禮問目에 대해 답하였다.
- 여주 신륵사를 방문하였다.

1722년 경종 2, 42세

- 2월 재종질 이귀휴李龜休의 초청으로 수원을 방문하였다.
- 12월 파주에 사는 셋째 형 이서의 회갑연에 참석하였다.

1723년 경종 3, 43세

- 사촌형 이진에게 편지하여 『주역 周易』에 대하여 묻다.
- 소한중 蕭漢中의 『괘서도 卦序圖』를 읽었다.
- 2월 20일 심단 沈檀의 건의로 둘째 형 이잠이 사헌부 집의에 추증되었다.
- 3월 12일 셋째 형 이서가 사망하였다.

1724년 경종 4, 44세

- 이만부에게 편지를 보내 둘째 형 이잠의 묘갈명 墓碣銘을 지어 달라고 청하였다.
- 셋째 형 이서의 아들 이원휴 李元休가 사망하였다.
- 신후담 愼後聃이 방문하였다.

1725년 영조 1, 45세

- 원주 선영에 성묘하였다.
- 가을에 신후담이 방문하였다.

1726년 영조 2, 46세

- 신후담의 소학 문목 小學問目에 답하였다.

1727년 영조 3, 47세

- 선공감 가감역관 繕工監假監役官에 제수되자 사은하기 위하여 상경하였다가, 사은하는 규례가 없다는 말을 듣고 그날로 돌아왔다.

1729년 영조 5, 49세

- 서울로 갔다. 「긍사정기 肯思亭記」를 지었다.
- 1727년~1729년 무렵에 안산 첨성리 瞻星里 성호장 星湖莊에 은거하였다.

1731년 영조 7, 51세

- 정상기의 상례 喪禮에 대한 문목에 답하였다.

- 손자 이구환李九煥이 태어났다.

1732년 영조 8, 52세

- 정상기의 가례질서 문목家禮疾書問目에 답하였다.

1734년 영조 10, 54세

- 권상일權相一과 편지로 퇴계退溪의 사칠론四七論을 논하였다.
- 황운대黃運大의 부친 황집黃㙫이 방문하였다.
- 심한 병을 앓았다.

1735년 영조 11, 55세

- 아들 이맹휴가 증광시 진사 3등에 합격하였다.
- 증조부 이상의李尙毅의 초상화 모사본을 만들었다.
- 우담愚潭 정시한丁時翰의 제자 최도명崔道鳴이 편지와 시 2편을 보내왔다.
- 최도명에게 새로 전래된 『역해易解』의 몇 조목을 적어 보내 주기를 청하였다.
- 괴질怪疾로 거의 죽을 뻔하였다.
- 도둑이 들어 집 안에 남은 물건이 없었다.

1736년 영조 12, 56세

- 오광운吳光運에게 이하진의 『육우당집六寓堂集』과 이잠의 『섬계유고剡溪遺稿』의 서문을 받았다.
- 신후담이 방문하였다.
- 이즈음 유형원의 『반계수록磻溪隨錄』을 읽었다.
- 정상기가 『향거요람鄉居要覽』을 완성하자 성호에게 보내고 서문을 요청하였다.
- 최도명이 보내 준 『역해』를 읽었다.

- 황익재 黃翼再가 방문하였다.
- 윤동규가 『가례질서』에 대해서 물은 데 대해 답변하였다.
- 신후담에게 자신의 원고를 살펴 주기를 부탁하였다.
- 송나라 축목 祝穆의 『사문유취 事文類聚』를 읽었다.
- 가을, 겨울 사이에 병을 앓았다.

1737년 영조 13, 57세

- 서울에 가서 10일 동안 머물렀다.
- 신후담이 방문하였다.
- 아들 이맹휴의 병이 심하여 간병에 전념하였다.

1739년 영조 15, 59세

- 「도산도 陶山圖」 발문을 지었다.
- 황집이 방문하였다.

1740년 영조 16, 60세

- 1739년~1740년 무렵에 딸이 지봉 芝峯 이수광 李睟光의 6대손인 이극성 李克誠에게 시집갔다.

1741년 영조 17, 61세

- 연말연시에 10일 동안 서울에 머물렀다.
- 사위 이극성이 생원시에 합격하였다.
- 식산 이만부의 행장 行狀을 지었다.

1742년 영조 18, 62세

- 9월 아들 이맹휴가 정시 庭試에 장원급제하였다.
- 9월 11일 아들 이맹휴가 성균관 전적에 제수되었다.
- 9월 20일 이맹휴가 한성부 주부에 제수되었다.

1743년 영조 19, 63세

- 4월~5월 이맹휴가 한성부 주부에서 파직되었다.
- 8월 9일 영조가 이맹휴를 서용敍用하도록 명하였다.
- 이맹휴가 예조 정랑에 제수되었다.
- 등창으로 7개월 동안 고생하였다.

1744년 영조 20, 64세

- 금천의 선영에 성묘하고 천마산을 유람하였다.
- 강박姜樸, 오광운과 함께 편집한 미수眉叟 허목許穆의 연보를 교정하였다.
- 「백봉서원 중수기白峯書院重修記」를 지었다.
- 병석에서 윤동규에게 『도동록道東錄』의 편집을 부탁하였다.
- 정상기의 『농포문답農圃問答』을 검토한 의견을 편지로 보냈다.
- 등과 가슴에 난 종기가 2년 동안 낫지 않았다.
- 아들 이맹휴가 『춘관지春官志』를 편찬하였다.

1745년 영조 21, 65세

- 7월 24일 아들 이맹휴가 만경 현감萬頃縣監에 제수되었다.
- 부인 사천 목씨가 만경 현감으로 부임하는 아들 이맹휴를 따라갔다.
- 권상일이, 성호의 『사칠편四七編』이 사람들에게 비방을 받는다고 이맹휴를 통해 전하였다. 권상일에게 보낸 편지에서 30년 전에 『사칠편』 17편을 찬술했다고 술회하였다.
- 송나라 심괄沈括의 『몽계필담夢溪筆談』을 읽었다.

1746년 영조 22, 66세

- 부인이 이맹휴의 임소인 만경에서 사망하였다.
- 부인의 상을 치른 뒤 예론禮論을 정리하여 『상위일록喪威日錄』을 편찬하였다.

- 초여름 정희기鄭熙夔가 방문하였다.
- 10월 17일~18일 안정복安鼎福이 방문하여 가르침을 받았다.

1747년 영조 23, 67세

- 9월 20일~21일 안정복이 방문하였다.

1748년 영조 24, 68세

- 손자 이구환이 권세억權世檍의 딸 안동 권씨와 혼인하였다.
- 사위 이극성이 아들을 낳았다.
- 신후담이 방문하였다.
- 12월 14일~16일 안정복이 방문하였다.
- 이해에 아들 이맹휴가 병에 걸렸다.
- 귀가 어두워 응대하기 어려울 지경이 되었다.

1749년 영조 25, 69세

- 권상일과 퇴계 문인록에 대하여 논의하였다.

1750년 영조 26, 70세

- 봄에 황이곤黃以坤이 찾아와 수학하였다.
- 안정복의 소학 문목小學問目에 답하였다.

1751년 영조 27, 71세

- 3월 최흥원崔興遠의 아들 최주진崔周鎭이 방문하였다.
- 5월 7일 39세의 아들 이맹휴가 병으로 사망하였다.
- 7월경 안정복이 문병하러 왔다.
- 9월 이맹휴를 장사 지냈다.
- 성호의 부탁을 받은 강세황姜世晃이 「무이구곡도武夷九曲圖」를 그렸다.
- 10월 15일 성호의 부탁을 받은 강세황이 성호가 소장하고 있던

「도산도」를 보고 새로이 「도산도」를 그리고 발문을 지었다.

- 이맹휴의 상을 치르고 그 예식을 『상위속록 喪威續錄』으로 편찬하였다.
- 안정복과 윤동규에게 『이자수어 李子粹語』의 편집을 부탁하였다.
- 아들 이맹휴의 간병으로 가산을 탕진하였다. 이후 경제적인 어려움에 처하였다.

1752년 영조 28, 72세

- 윤동규가 『이자수어』의 편집을 완성하였다.
- 안정복에게 윤동규와 함께 『이자수어』 산정 刪定 을 부탁하였다.
- 정상기의 『동국지도』를 보았다.
- 정상기에게 이맹휴의 봉사 封事 를 살펴 주기를 청하였다.
- 아들 이맹휴의 저술을 정리하였다.

1753년 영조 29, 73세

- 가뭄이 몹시 심하고 화적 떼가 의복과 식량을 강탈하였다.
- 가뭄과 환곡을 피해 이사 가려고 하다가 그만두었다.
- 『이자수어』가 완성되었다.
- 안정복과 윤동규에게 『이자수어』의 교감을 부탁하였다.
- 유형원의 증손 유발 柳發 이 방문하였다.
- 명나라 당순지 唐順之 의 『형천우편 荊川右編』을 읽었다.
- 손녀가 홍역을 앓다가 요절하였다.
- 가까이 사는 친척들과 함께 삼두회 三豆會 를 열었다.

1754년 영조 30, 74세

- 권상일에게 보낸 편지에서 손자 이구환의 교육을 염려하였다.
- 천식과 충치를 앓았다.

- 전염병에 걸려 한 달 가까이 고생하였다.
- 홍중인洪重寅의 묘갈명을 지었다.
- 마테오 리치의 『교우론交友論』을 읽었다.
- 안정복이 지은 『내범內範』을 검토하였다.
- 홍중징洪重徵이 지은 『정역訂易』을 읽었다.
- 『정역』의 발문을 지었다.

1755년 영조 31, 75세

- 손자 이구환이 과거에 응시하였다.
- 증손자 이재남李載南이 출생하였다.
- 전염병이 매우 심하였다.
- 안정복이 우리나라 역사를 편찬하는 일을 격려하며, 이후 역사 편찬에 관한 편지를 주고받았다.
- 『이자수어』의 서문을 지었다.
- 『성호사설星湖僿說』을 집안 조카들을 중심으로 정서하게 하였다.

1756년 영조 32, 76세

- 명나라 풍기馮琦의 『경제유편經濟類編』을 읽었다.
- 「스스로 지은 명정自題銘旌」을 지었다.
- 전염병을 피해 거처를 옮겼다가 돌아왔다.
- 학질瘧疾을 앓아 죽을 뻔하다가 소생하였다.
- 안정복의 아들 안경증安景曾이 방문하였다.
- 안정복이 순암順菴에 대한 기문을 지어 달라고 청하였다.
- 사위 이극성이 시골로 내려갔다. 시골 생활에서 주의해야 할 점을 편지에 써 보냈다.

1757년 영조 33, 77세

- 7월 안정복에게 「순암기順菴記」를 지어 보냈다.
- 정상기의 아들 정항령鄭恒齡이 지은 『상훈집편常訓輯編』을 검토하였다.
- 정항령에게 영조가 지은 『어제귀감御製龜鑑』을 구해 달라고 청하였다.
- 겨울에 심한 병을 앓았다. 1735년에 앓았던 괴질이 재발한 것이다.
- 시력과 청력이 매우 약해졌다.
- 장인 목천건이 사망하였다.
- 이해에 기근과 전염병이 매우 심하였다.
- 1년 동안 친족 가운데 성인 12명이 사망하였다.

1758년 영조 34, 78세

- 관례를 치른 17세의 이가환李家煥에게 학문의 자세를 알려 주는 글을 써 주었다.
- 일본인 패원독신貝原篤信이 지은 백과사전 『화한명수和漢名數』를 읽었다. 홍중휴洪重休가 제공한 것이다.
- 유형원의 증손 유발에게 『반계수록』 간행에 대하여 말하고, 『군현제郡縣制』는 세상에 전파되어야 할 책이라고 말하였다.
- 안정복의 아들 안경증이 방문하였다.
- 사위 이극성이 광릉 참봉光陵參奉에 제수되었다.
- 증손자 이재적李載績이 출생하였다.

1759년 영조 35, 79세

- 안정복의 『동사강목東史綱目』 초고가 완성되자 검토하였다.
- 안정복에게 『성호사설』의 교정과 산삭을 요청하였다.
- 손자 이구환이 과거 공부를 하기 위해 집을 떠났다.

- 안경시 安景時가 방문하였다.
- 심한 가뭄이 들고 장마가 졌다.
- 목이 길고 하얀 병이 푸른 학으로 변해 날아오르고 자신도 하늘로 솟구치는 꿈을 꾸었다고 안정복에게 보낸 편지에서 언급하였다.
- 사위 이극성에게 조카 이병휴, 손자 이구환과 함께 자신의 저술에 대해 논의해 주기를 부탁하였다.

1760년 영조 36, 80세

- 이즈음 『성호사설』의 편찬을 완료하였다.
- 무명자 無名子 윤기 尹愭가 방문하였다.
- 지도를 제작하는 정항령에게 신경준 申景濬, 안정복 등과 서로 돕기를 권하였다.
- 권철신 權哲身의 편지를 받았다.
- 사위 이극성이 사재감 봉사에 제수되었다.

1761년 영조 37, 81세

- 경기 관찰사 채제공 蔡濟恭이 방문하였다.
- 11월 24일 신후담이 사망하였다.
- 겨울에 윤기가 방문하였다.

1762년 영조 38, 82세

- 윤기의 소학 문목에 답하였다.

1763년 영조 39, 83세

- 노인을 우대하는 은전으로 첨지중추부사에 제수되었다.
- 황이곤의 아들 황덕기가 방문하였다.
- 가을에 윤기가 방문하였다.
- 12월 17일 오랜 질환 끝에 사망하였다.

1764년 영조 40

- 2월 27일 안산 첨성리에 장사 지냈다.

1772년 영조 48

- 여름에 조카 이병휴가 성호의 유집遺集 정리를 시작하였다.

1774년 영조 50

- 8월 조카 이병휴가 성호의 유집을 24종의 문체로 분류하여 70권으로 정리하였다.

1776년 정조 즉위년

- 정약용丁若鏞, 이가환, 이승훈李承薰이 함께 성호의 책을 읽었다.

1795년 정조 19

- 11월 이삼환李森煥, 정약용 등이 온양 봉곡사鳳谷寺에서 『가례질서』를 편집하였다.

1827년 순조 27

- 황덕길黃德吉이 『성호선생문집』을 수정修正하던 중 마치지 못하고 사망하였다.

1867년 고종 4

- 우의정 유후조柳厚祚의 청으로 이조 판서에 추증되었다.

1917년

- 문집 50권 27책이 밀양의 퇴로당退老堂에서 목판으로 간행되었다. 이덕구李德九가 발문을 지었다.

1922년

- 『성호전집星湖全集』 70권 36책이 밀양의 모렴당慕濂堂에서 목판본으로 중간重刊되었다. 김호승金鎬承, 이시좌李時佐가 발문을 지었다.

| 참고 문헌 |

원전

『승정원일기』

안정복, 『순암집 順菴集』, 한국문집총간 229~230집, 민족문화추진회, 1999.

이만부, 『식산집 息山集』, 한국문집총간 178~179집, 민족문화추진회, 1996.

이삼환, 『소미산방장 少眉山房藏』, 한국문집총간 속92집, 한국고전번역원, 2010.

이학규, 『낙하생집 洛下生集』, 한국문집총간 290집, 민족문화추진회, 2001.

정약용, 『여유당전서 與猶堂全書』, 한국문집총간 281~286집, 민족문화추진회, 2001.

정종로, 『입재집 立齋集』, 한국문집총간 253~254집, 민족문화추진회, 2000.

황덕길, 『하려집 下廬集』, 한국문집총간 260집, 민족문화추진회, 2000.

역서

마테오 리치 지음, 송영배·임금자 외 옮김, 『천주실의』, 서울대학교출판부, 1999.

성호선생기념사업회, 『여주이씨성호가문세승기驪州李氏星湖家門世乘記』, 2002.
안산시, 『성호기념관 소장유물명품선』, 2013.
안정복 지음, 김동주·김홍영 외 옮김, 『국역 순암집』 1~6집, 민족문화추진회, 1996~1998.
여주이씨상서공파종친회, 『여주이씨세보驪州李氏世譜』, 1992.
이삼환 지음, 허호구 옮김, 『성호선생언행록』, 단국대학교출판부, 2013.
이익 지음, 김동주·성낙훈 외 옮김, 『국역 성호사설』 1~11집, 민족문화추진회, 1976~1979.
정약용 지음, 김도련 외 옮김, 『국역 다산시문집』 1~9집, 민족문화추진회, 1982~1997.
줄리오 알레니 지음, 천기철 옮김, 『직방외기』, 일조각, 2005.

학술논문

고연희, 「성호 이익의 회화관」, 『온지논총』 36집, 온지학회, 2013.
김대식, 「조선 서원 훼철 논의의 전개 -인조부터 정조까지-」, 『교육사학연구』 24-1집, 교육사학회, 2014.
이성무, 「성호 이익의 생애와 사상」, 『조선시대사학보』 3, 조선시대사학회, 1997.
정은진, 「성호 이익의 삼두회 소고」, 『동악어문학』 55, 동악어문학회, 2010.

지은이 _ 이익 李瀷, 1681~1763

조선 후기의 학자이다. 본관은 여주驪州, 자는 자신子新, 호는 성호星湖이다. 부친 이하진李夏鎭이 갑술환국 이후 유배된 평안도 운산雲山에서 태어났다. 26세이던 1706년 둘째 형 이잠李潛이 세자를 보호해야 한다는 상소를 올렸다가 국문을 받는 도중 숨지자 안산安山의 성호장星湖莊에 은거하며 학문과 제자 양성에 전념하였다. 성리학에 사상적 기반을 두었으나 현실 문제에 관심을 가진 근기 실학파의 대표적인 학자로 유형원柳馨遠의 실학사상을 계승하였다. 주요 저서로 문집인 『성호전집』 외에 『성호사설』, 『곽우록』, 『사칠신편』 등이 있다.

옮긴이 _ 최채기 崔彩基

서울대학교 교육학과를 졸업하고 성균관대학교 대학원에서 퇴계 이황의 문헌 편찬을 연구하여 박사 학위를 받았다. 한국고전번역원 부설 고전번역교육원에서 한문교육과정을 마치고 현재 한국고전번역원 번역사업본부장으로 재직하고 있다. 한국문집총간의 기획과 편찬, 『승정원일기』, 『홍재전서』, 『기언』, 『졸고천백』, 『명재유고』, 『성호전집』 번역에 참여하였다. 저서로 『고전적정리입문』, 『생각, 세 번』, 『서울 2천년사』 등이 있다.

옮긴이 _ 정영미 鄭永美

동국대학교 사학과를 졸업하고 한국고전번역원 부설 고전번역교육원 연수과정을 수료하였다. 현재 한국고전번역원에서 선임연구원으로 재직하고 있다. 『승정원일기』, 『정조실록』, 『사필』 번역과 집필에 참여하였다. 논문으로 「남·북한 조선왕조실록 번역 비교」 등이 있다.

한국고전선집 기획위원회

위원장 최채기

위 원 권경열 박재영 이기찬 하승현 한문희

성호집

이익 지음 | 최채기 정영미 옮김

2017년 9월 20일 초판 1쇄 발행

발행인 신승운

발행 한국고전번역원 | 등록 2008. 3. 12. 제300-2008-22호

주소 03000 서울특별시 종로구 비봉길 1

전화 02-6263-0464 | 팩스 02-6339-0724 | 홈페이지 www.itkc.or.kr

기획 한국고전번역원

책임편집 한문희 | 편집 박성희 박지은 변구일 유정님

디자인 씨오디 | 인쇄 (주)나인애드

ⓒ한국고전번역원, 2017

Institute for the Translation of Korean Classics

값 12,000원

ISBN 978-89-284-0487-2 04080

* 이 책은 교육부로부터 인문학 진흥을 위한 저서출판지원을 받아 출간하였습니다.